Luan Ferr

Spiritualité Cosmique
Se Connecter aux Êtres de Lumière Pour
L'éveil de L'âme

Droits d'auteur
Titre original : Espiritualidade Cósmica
Copyright © 2023, publié en 2024 par Luiz Antonio dos Santos ME.

Ce livre explore les pratiques spirituelles, la méditation et la connexion avec les énergies cosmiques, fournissant un guide pour la connaissance de soi et l'expansion de la conscience. Il est destiné à inspirer le développement personnel et spirituel, mais ne remplace pas les conseils médicaux, psychologiques ou thérapeutiques.

Spiritualité cosmique
Deuxième édition
Équipe de production de la deuxième édition
Auteur : Luan Ferr
Relecture : Virginia Moreira dos Santos
Conception graphique et mise en page : Arthur Mendes da Costa
Couverture : Anderson Casagrande Neto
Traduction: Isabelle Garnier

Publication et identification
Spiritualité cosmique / Par Luan Ferr
Éditions Ahzuria, 2024
Catégories : Corps, âme et esprit / Spiritualité
DDC : 158.1 - CDU : 613.8
Avis de droit d'auteur
Tous droits réservés à :
Éditions Booklas/ Luiz Antonio dos Santos ME

Ce livre ne peut être reproduit, distribué ou transmis, en tout ou en partie, par quelque moyen que ce soit, électronique ou imprimé, sans le consentement exprès du détenteur des droits d'auteur.

Table des Matières

Avant-propos 5
1 Spiritualité cosmique 10
2 Enseignements et philosophie cosmique 13
3 Pratiques de méditation 16
4 La communication avec les êtres de lumière 22
5 Applications de la spiritualité cosmique 29
6 Découverte et connaissance de soi 35
7 Transformation émotionnelle et guérison intérieure ... 43
8 Intuition et capacités psychiques 47
9 L'expansion de la conscience individuelle 57
10 Vertus et valeurs des êtres de lumière 62
11 Le pouvoir de transformation du cube de lumière 66
12 Principes fondamentaux de la méditation cosmique . 71
13 Méditation pour la connexion avec la Source 74
14 Approfondir la connexion 77
15 Méditation du vaisseau cosmique 81
16 Intégrer la méditation dans la vie quotidienne 84
17 Le Soi supérieur 90
18 Techniques de communication 94
19 Canalisation et messages 97
20 Guidance spirituelle et croissance personnelle 101
21 Co-création avec le Soi supérieur 116
22 Principes énergétiques 121
23 Exercices d'alignement énergétique 130

24 Guérison et équilibre 137
25 Centres d'énergie 155
26 Alignement énergétique et mode de vie 161
27 Manifestation consciente 177
28 La visualisation créative 181
29 La puissance de la manifestation 186
30 Co-création alignée 193
31 Niveaux de conscience 198
32 L'expansion de la conscience 201
33 Dimensions supérieures et êtres de lumière 206
34 L'ADN Spirituel 210
35 Intégrer l'expansion de la conscience 214
36 Harmonie de la nature avec l'univers 220
37 Les relations 223
38 Le service aux autres 228
Remerciements 231

Avant-propos

La spiritualité est une caractéristique intrinsèque de la condition humaine. Dès sa naissance, chaque être ressent inconsciemment un vide qui ne peut être comblé que par quelque chose de plus grand que lui. Cette recherche de la transcendance est universelle, mais la diversité des expériences, des cultures et des pensées rend difficile l'identification d'une voie unique comme étant « la bonne ». Avec tant de formes de foi et de spiritualité disponibles, le défi consiste à trouver celle qui résonne avec l'essence de chaque individu.

L'être humain, par essence, est le résultat d'une multitude de variantes, ce qui le rend unique dans ses perceptions et ses compréhensions. Ce qui peut sembler naturel et évident à une personne peut paraître incompréhensible, voire absurde, à une autre. De même qu'il n'est pas possible qu'une seule perspective englobe toutes les façons de penser et de sentir, il est également déraisonnable de supposer qu'il existe une seule forme de spiritualité capable de répondre à la diversité de la conscience humaine.

Après des études approfondies, des consultations avec des maîtres de différentes traditions et des confrontations d'idées basées sur la recherche et l'expérience, une conclusion essentielle s'est imposée : toutes les formes de spiritualité que nous connaissons ne représentent qu'une petite fraction de l'immensité de la Conscience universelle. Ces formes sont des manifestations que la conscience supérieure, ou Source divine, a trouvées pour établir un lien avec les êtres humains, en s'adaptant aux limites de la compréhension de chacun. Se divisant en d'innombrables facettes, cette conscience se moule aux particularités humaines, offrant des chemins qui nous guident sur le chemin de la découverte de soi.

Dans ce vaste champ spirituel, les êtres de lumière jouent un rôle fondamental. Ces êtres hautement évolués habitent des dimensions supérieures et offrent à l'humanité des conseils et un soutien dans son voyage spirituel. Depuis les temps les plus reculés, lorsque les ancêtres de l'humanité vivaient encore dans des grottes, les êtres de lumière étaient déjà présents et aidaient au développement de la conscience humaine. Les peintures rupestres, comme celles de la grotte Chauvet en France, qui remontent à 36 000 ans, suggèrent qu'un lien spirituel profond existait déjà à cette époque.

Au cours de l'histoire, les êtres de lumière ont été reconnus de différentes manières, en fonction de la capacité de chaque culture à les interpréter. Des anges aux dieux, leurs manifestations ont varié, mais leur essence est restée la même : ce sont des guides cosmiques qui aident l'humanité à comprendre son lien avec la source divine et l'interconnexion universelle. Aujourd'hui, les chercheurs et les praticiens préfèrent les appeler simplement « êtres de lumière », reconnaissant en eux une expression universelle d'amour, de compassion et de sagesse.

Ces êtres ne se contentent pas d'observer, mais participent activement à l'évolution spirituelle de l'humanité. Grâce à la canalisation, aux expériences personnelles et aux rencontres transcendantales, de nombreuses personnes disent ressentir leur présence, qui leur apporte la paix, la guidance et la guérison. Leur sagesse transcende les limites du temps et de l'espace, offrant des enseignements qui relient les êtres humains au vaste réseau énergétique du cosmos.

La spiritualité cosmique est une approche qui réunit les différentes formes de foi dans un modèle intégré, basé sur des principes tels que l'amour inconditionnel, la compassion et l'interconnexion. Reconnaître que tous les êtres sont reliés par un réseau énergétique universel est le premier pas vers la compréhension de la dimension de la conscience cosmique et du rôle des êtres de lumière.

Dans ce contexte, des pratiques telles que la méditation, l'introspection et le développement personnel sont des outils indispensables à l'expansion de la conscience. La méditation, par exemple, ne se contente pas de calmer l'esprit, elle ouvre des portails vers des dimensions supérieures, permettant d'expérimenter des états de paix et de clarté. Ces pratiques contribuent à nourrir l'étincelle divine qui réside en vous, vous reliant au flux infini de l'énergie cosmique.

Un autre aspect fondamental est la recherche de l'équilibre et de l'harmonie. La spiritualité cosmique met l'accent sur l'importance d'aligner le corps, l'âme et l'esprit, en promouvant une vie équilibrée qui honore à la fois les besoins matériels et spirituels. Cette approche holistique inclut également la valorisation de la nature en tant que partie essentielle de cette connexion universelle.

La transformation spirituelle est inséparable de la guérison intérieure. Les techniques de guérison énergétique, telles que celles enseignées par les Êtres de Lumière, aident à libérer les schémas négatifs et à éveiller le pouvoir de guérison inné qui existe en chacun de nous. En embrassant la transformation, vous vous libérez de vos limites et élargissez votre potentiel, permettant à votre conscience de s'épanouir à des niveaux plus élevés.

Ce livre est une invitation à vous embarquer dans un voyage d'expansion de votre conscience et de connexion avec l'ancienne sagesse des Êtres de Lumière. En explorant les enseignements et les pratiques présentés ici, vous aurez l'occasion de découvrir de nouvelles dimensions de vous-même et de l'univers. Ouvrez votre esprit et votre cœur à cette expérience, en permettant aux paroles et aux enseignements des Êtres de Lumière de vous guider vers une compréhension plus profonde de la vie et de l'immensité de la conscience cosmique.

Puisse ce voyage inspirer l'éveil de votre véritable essence et révéler l'infinie beauté de votre connexion avec le cosmos.

1
Spiritualité cosmique

Les êtres de lumière sont des entités cosmiques fascinantes qui suscitent la curiosité et l'admiration de ceux qui cherchent à explorer la spiritualité. Ce livre se penche sur les origines et les caractéristiques uniques de ces êtres, expliquant qui ils sont et quel est leur rôle dans la spiritualité en général.

Les Êtres de Lumière sont une civilisation hautement évoluée dont la sagesse et la connaissance transcendent les frontières de l'espace et du temps. On pense qu'ils ont atteint un stade de conscience si avancé qu'ils sont capables d'accéder à des dimensions supérieures, de se connecter à la sagesse cosmique et à la Source de tout ce qui existe. Leur accès interdimensionnel leur permet de plonger dans les dimensions inférieures pour aider à l'évolution spirituelle des êtres de moindre lumière, tels que les humains.

L'une des caractéristiques les plus frappantes des Êtres de Lumière est leur connexion profonde avec l'énergie de la Lumière. Ils sont connus pour leur vibration énergétique élevée et leur capacité à rayonner un amour inconditionnel. Ce rayonnement est considéré comme guérisseur et transformateur, capable d'éveiller la conscience et de promouvoir la guérison physique, émotionnelle et spirituelle.

Ce sont des êtres extrêmement compatissants et altruistes. Leur essence est imprégnée d'un sens profond du service aux autres et de l'amour universel. Ils croient en l'importance de contribuer au bien-être collectif, ainsi qu'en la capacité de chaque personne à manifester son potentiel maximal dans les limites permises par la condition humaine.

Les êtres de lumière sont également connus pour leur sagesse et leur connaissance. Ils ont une compréhension profonde des principes universels et des lois qui régissent le cosmos. En méditant et en vous connectant à la sagesse cosmique, vous serez en mesure de recevoir des idées et des révélations qui vous aideront dans votre éveil spirituel et votre croissance individuelle.

Une autre caractéristique intéressante des êtres de lumière est leur capacité à communiquer par télépathie. Ils sont capables de transmettre et de recevoir des informations par l'intermédiaire de l'esprit, sans avoir besoin de mots ou de langage verbal. Cette forme de communication subtile permet l'échange de connaissances et d'enseignements directs, facilitant la transmission de messages, de sagesse et de conseils spirituels.

Dans la spiritualité cosmique, la connexion avec les êtres de lumière est souvent recherchée pour la guérison, la guidance et l'expansion de la conscience. Ils peuvent manipuler l'énergie de guérison pour rétablir l'équilibre énergétique et activer l'ADN spirituel.

Connaître l'origine et les caractéristiques des Etres de Lumière n'est que le premier pas sur le chemin de l'exploration de la spiritualité. Tout au long de ce livre, nous approfondirons leurs enseignements, leurs pratiques de méditation, leur communication, leur application dans la vie quotidienne, la découverte de soi, la transformation émotionnelle, le développement de l'intuition, l'expansion de la conscience individuelle, entre autres sujets.

Préparez-vous à être enchanté par la sagesse des Êtres de Lumière, en permettant à leur présence d'illuminer votre chemin spirituel, en ouvrant de nouveaux horizons de croissance et d'éveil.

2
Enseignements et philosophie cosmique

Bienvenue dans la sagesse des Êtres de Lumière, une philosophie basée sur une compréhension profonde des lois universelles et de la nature multidimensionnelle de l'existence. Vous serez conduit dans les profondeurs des enseignements et, ce faisant, vous ouvrirez les portes d'un voyage transformateur de découverte de soi et de croissance spirituelle.

Les êtres de lumière reconnaissent la nature interconnectée de toutes les choses et comprennent que chacun d'entre nous est un co-créateur actif de sa propre réalité. Cette philosophie est partagée par de nombreuses autres traditions spirituelles et nous invite à voir au-delà des limites de l'esprit humain. C'est une invitation à élever la conscience et à élargir la compréhension au-delà des voiles quotidiens.

Au cours de votre voyage spirituel, les Êtres de Lumière vous guident à regarder à l'intérieur de vous. Ils vous enseignent que le véritable pouvoir se trouve à l'intérieur et que la clé du bonheur et de l'épanouissement réside dans la reconnaissance et la culture de votre essence divine. Tout au long de ce processus, vous êtes invité à explorer les schémas de pensée, les émotions et les croyances qui vous limitent, en libérant ce qui ne vous sert plus et en faisant de la place pour la pleine expression de qui vous êtes.

La pratique de l'auto-transformation est l'un des aspects fondamentaux des enseignements des Êtres de Lumière. Dans cette plongée intérieure, vous trouvez un terrain fertile pour cultiver des qualités telles que l'amour, la compassion, la gratitude et le pardon. Ces vertus sont fondamentales pour nourrir et renforcer votre être spirituel, en vous guidant vers une conscience élargie.

La responsabilité personnelle est l'un des piliers de la philosophie cosmique. Vous êtes le créateur de votre réalité et vos choix ont un impact significatif sur l'ensemble. Grâce à la maîtrise de soi, vous devenez capable de choisir avec sagesse les expériences que vous vivez, élevant ainsi le niveau vibratoire de votre être et de tout ce qui vous entoure.

La connexion avec la Source (l'énergie divine qui crée tout et que certains appellent Dieu) est l'aspect central du voyage cosmique. Les Êtres de Lumière vous invitent à vous reconnecter à cette énergie à travers des pratiques méditatives et des moments de contemplation expliqués tout au long du livre. En vous ouvrant à la guidance et à l'inspiration de la source, vous établissez un lien profond avec elle, qui vous servira de guide tout au long de votre voyage spirituel.

Cultiver la conscience du moment présent est un autre enseignement précieux des Êtres de Lumière. Ils vous invitent à ralentir et à être pleinement présent dans vos expériences quotidiennes. C'est dans ce moment magique et unique que vous trouverez la véritable paix intérieure et la plénitude de l'existence.

Au fur et à mesure que vous approfondissez les enseignements et la philosophie cosmique, ils deviennent une source inépuisable d'inspiration et de conseils, une invitation à élargir la conscience, à cultiver la sagesse intérieure et à vivre en harmonie avec les principes universels. En poursuivant ce voyage, vous découvrirez que la sagesse des êtres de lumière est une bénédiction qui vous accompagnera tout au long de votre vie, vous ouvrant des chemins de lumière et d'éveil spirituel.

3
Pratiques de méditation

La méditation joue un rôle fondamental dans la spiritualité cosmique, car elle permet d'accéder à des dimensions supérieures, de se reconnecter à la sagesse cosmique et d'expérimenter une profonde transformation intérieure.

L'une des pratiques de méditation largement utilisées dans la spiritualité cosmique est la méditation de connexion à la source. Cette pratique consiste à se retirer dans un espace calme et silencieux où l'on peut diriger son attention vers l'intérieur, en se connectant à l'énergie divine qui imprègne l'univers. En vous ouvrant à cette énergie aimante et transformatrice, vous ressentez un profond sentiment de paix, de clarté et de connexion avec votre moi le plus élevé.

À des fins didactiques, je vous présente l'une des méthodes de méditation qui peut être pratiquée par les débutants.

Trouvez un endroit calme où vous pouvez vous asseoir confortablement. Il peut s'agir d'une chaise ou du sol, l'important étant de trouver une position dans laquelle vous vous sentez détendu.

Fermez doucement les yeux et commencez à concentrer votre attention sur votre respiration. Observez le flux naturel de la respiration, sans essayer de le modifier. Concentrez-vous sur la sensation de l'air qui entre et sort de votre corps.

Au fur et à mesure que vous prenez conscience de votre respiration, laissez les pensées se dissiper doucement. Lorsqu'elles surgissent, ne vous inquiétez pas, laissez-les passer sans vous y attacher. Portez votre attention sur votre respiration chaque fois que vous êtes distrait.

Lorsque vous vous sentez plus calme, imaginez-vous entouré d'une lumière brillante et aimante. Visualisez cette lumière comme l'énergie de la Source, cette énergie divine est à votre disposition. Sentez cette énergie aimante imprégner tout votre être.

Ouvrez-vous pour recevoir cette énergie aimante et transformatrice. Permettez-vous de ressentir un profond sentiment de paix, de clarté et de connexion avec votre moi le plus élevé. Restez dans cet état d'ouverture et de réceptivité aussi longtemps que vous le souhaitez.

Lorsque vous êtes prêt à mettre fin à la méditation, ramenez progressivement votre attention sur votre corps physique et sur votre environnement. Ouvrez doucement les yeux. Prenez quelques instants pour vous réorienter avant de poursuivre vos activités quotidiennes.

Une autre pratique de méditation de la spiritualité cosmique est la méditation d'activation de l'ADN spirituel. Dans cette méditation, vous devez vous concentrer sur la visualisation de la structure de votre ADN baignant dans une lumière cosmique curative et purifiante. Cette lumière agit comme un activateur, réveillant le potentiel dormant en vous, vous permettant d'accéder à des niveaux de conscience plus élevés.

Dans la spiritualité cosmique, la méditation est également utilisée comme un outil de guérison et d'équilibre. Vous pouvez diriger votre attention sur les zones du corps qui ont besoin d'être guéries, en les visualisant remplies de lumière cosmique et d'amour. Cette pratique libère les blocages énergétiques, favorise la guérison physique et émotionnelle et rétablit l'équilibre à tous les niveaux de l'être.

Les Êtres de Lumière enseignent la méditation de la connexion. Dans cette pratique, vous ouvrez votre cœur et votre esprit pour recevoir des conseils et des informations de la part des Êtres de Lumière et d'autres entités supérieures. Vous pouvez diriger vos pensées et vos intentions pour établir une communication télépathique avec ces êtres, permettant ainsi à leurs messages de sagesse et d'amour de vous parvenir.

À des fins didactiques, voici une description de la manière dont vous devez effectuer la méditation de connexion avec les Êtres de Lumière.

Trouvez un endroit calme où vous pouvez vous asseoir confortablement et vous concentrer. Veillez à ne pas être interrompu pendant la méditation.

Fermez doucement les yeux et commencez à respirer profondément, en laissant votre corps se détendre à chaque expiration. Concentrez-vous sur la détente de vos muscles et sur le relâchement de toute tension que vous pourriez ressentir.

Portez votre attention sur votre cœur. Visualisez-le en train de s'ouvrir comme une fleur épanouie, rayonnant de lumière et d'amour. Ressentez une sensation de chaleur et d'expansion dans votre poitrine en vous connectant à l'énergie d'amour qui est en vous.

Fixez mentalement l'intention de vous connecter avec les Êtres de Lumière, y compris avec d'autres entités élevées. Sentez-vous ouvert et réceptif à leur présence et à leurs conseils.

Lorsque votre esprit se calme, concentrez-vous sur l'envoi de pensées et d'intentions à ces êtres. Visualisez une connexion télépathique qui se forme, comme une ligne de communication claire et lumineuse entre vous et les Êtres de Lumière.

Permettez maintenant aux messages, aux conseils et aux idées de vous parvenir. Soyez ouvert à la réception d'images, de mots, de sentiments ou de connaissances intuitives qui peuvent surgir. Faites confiance à votre intuition et à la sagesse des Êtres de Lumière.

Restez dans cet état de connexion et de réception aussi longtemps que vous le souhaitez, en absorbant les énergies et les informations transmises.

Lorsque vous êtes prêt à mettre fin à la méditation, remerciez les Êtres de Lumière pour leur présence et leurs conseils. Ramenez lentement votre attention sur votre corps physique et sur l'environnement qui vous entoure. Ouvrez doucement les yeux et prenez un moment pour vous réorienter avant de reprendre vos activités quotidiennes.

Dans la spiritualité cosmique, la méditation est aussi l'occasion de développer l'intuition et les capacités psychiques. En vous connectant à votre essence divine, vous accédez à des informations et à des perceptions qui dépassent les limites de l'esprit rationnel. Vous pouvez pratiquer la méditation d'expansion de l'intuition, en vous ouvrant aux intuitions et aux conseils intuitifs qui vous aident dans votre cheminement spirituel et dans vos choix quotidiens.

Une pratique importante de la méditation cosmique consiste à incarner les valeurs et les vertus des êtres de lumière. Prenez le temps, pendant votre méditation, de réfléchir à des qualités telles que l'amour, la compassion, la gratitude, l'harmonie et la paix, ainsi qu'à la manière de les incorporer dans votre vie. Cette pratique aligne votre énergie sur l'énergie cosmique, vous aidant à vivre en harmonie avec des principes spirituels élevés.

La méditation sur la spiritualité cosmique est un voyage de découverte de soi, de guérison et d'expansion de la conscience. En approfondissant ces pratiques méditatives, vous vous ouvrez à un univers de possibilités et de transformations. La méditation vous permet d'accéder à la sagesse des êtres de lumière, d'intégrer la lumière cosmique dans votre vie quotidienne et de vous éveiller à votre véritable nature divine.

Il est important de souligner que tout au long du livre, vous trouverez des informations complémentaires qui vous aideront à comprendre ces thèmes, pour l'instant l'enseignement est dosé, comme un médicament. Cette méthode garantit qu'à la fin du livre, votre compréhension des techniques de méditation et de leurs applications sera complète.

4
La communication avec les êtres de lumière

Dans la spiritualité cosmique, la communication avec les êtres de lumière joue un rôle important dans la recherche de la sagesse et de la guidance cosmiques. Les Etres de Lumière sont des êtres hautement évolués qui offrent connaissance et assistance à ceux qui sont ouverts à recevoir leurs messages. Découvrez les différentes façons de communiquer avec les Êtres de Lumière et les différentes façons de se connecter avec eux.

L'un des moyens les plus courants de communiquer avec les Etres de Lumière est la télépathie. Les êtres de lumière ont la capacité extraordinaire de communiquer directement par la pensée. Ils peuvent transmettre des messages, des idées et des conseils directement dans votre esprit, sans avoir besoin de mots. Pour établir cette communication télépathique, il est important d'ouvrir son esprit et son cœur, d'être réceptif et de cultiver un état de calme et de paix intérieure.

Bien que la télépathie ne soit pas une capacité humaine naturelle, vous pouvez entraîner votre esprit à recevoir des intuitions, afin d'ouvrir progressivement ce champ de communication.

Voici un exercice qui vous aidera à développer vos capacités de communication télépathique afin de vous ouvrir aux idées et aux messages des Etres de Lumière.

Trouvez un endroit calme et confortable où vous pouvez vous asseoir tranquillement. Veillez à ne pas être interrompu pendant l'exercice.

Fermez les yeux et commencez à détendre votre corps et votre esprit en respirant profondément. Inspirez profondément par le nez, en retenant brièvement votre souffle, puis expirez par le nez en relâchant toute tension ou inquiétude.

Concentrez-vous sur la détente de votre esprit, en abandonnant les pensées et les soucis quotidiens. Imaginez qu'une lumière douce et apaisante enveloppe votre esprit, lui apportant clarté et sérénité.

Visualisez une connexion se formant entre votre esprit et celui des êtres de lumière. Voyez une ligne de communication claire et lumineuse s'établir, reliant votre esprit au leur.

Tout en maintenant cette visualisation, affirmez mentalement votre intention de vous ouvrir pour recevoir des idées, des messages et des conseils. Soyez ouvert et réceptif pour recevoir ces informations avec amour et gratitude.

Commencez à apaiser votre esprit pour entrer dans un état de réceptivité. Laissez les pensées et les images surgir, sans les juger ni essayer de les contrôler. Soyez ouvert à toute forme de communication télépathique.

Gardez une attitude de patience, de persistance et de confiance dans le processus. Rappelez-vous que le développement de la communication télépathique est un processus graduel, soyez donc indulgent avec vous-même et acceptez de vous entraîner régulièrement.

Après quelques minutes de silence et de réceptivité, remerciez les Êtres de Lumière pour la connexion et pour les informations qui ont pu être transmises. Exprimez votre gratitude pour leur présence et leurs conseils.

Ramenez lentement votre attention sur votre environnement. Ouvrez doucement les yeux et prenez un moment pour vous réorienter avant de poursuivre vos activités quotidiennes.

N'oubliez pas que le développement de la communication télépathique demande de la pratique et de la persévérance. Au début, vous ne réaliserez que des phrases et des mots vagues, mais en continuant à travailler sur cette compétence, vous remarquerez une plus grande sensibilité dans les idées et les orientations qui surgissent dans votre esprit.

Les rêves et les visions sont un autre moyen de communiquer avec les êtres de lumière. Pendant le sommeil, ou dans des états de méditation profonde, vous recevez des messages symboliques, des images ou des expériences qui vous relient à l'énergie cosmique. Ces messages contiennent des idées, des conseils pour votre voyage spirituel ou des réponses à des questions spécifiques que vous vous posez. Il est important de se rappeler de noter et d'interpréter ces rêves et ces visions, car ils peuvent contenir des enseignements précieux.

Les êtres de lumière peuvent également communiquer par le biais de sensations et de perceptions intuitives. Vous pouvez ressentir une présence aimante et paisible autour de vous, ou éprouver un sentiment de chaleur et de réconfort en cas de besoin. Ces sensations sont des signes que les Êtres de Lumière vous enveloppent de leur énergie et vous transmettent des messages de soutien et d'encouragement. Il est important de faire confiance à votre intuition et d'être ouvert aux perceptions subtiles.

L'écriture automatique est une autre technique qui peut être utilisée pour communiquer avec les Etres de Lumière. Dans cette pratique, vous laissez vos mains se déplacer librement sur le papier, écrivant des messages intuitifs sans le contrôle conscient de l'esprit. Cette technique permet à la sagesse et aux enseignements des

Êtres de Lumière de couler à travers vous, offrant de profondes perspectives et révélations.

Mais à des fins d'enseignement, voici une méthode qui vous aidera à développer la pratique de l'écriture automatique, vous permettant de communiquer avec les Êtres de Lumière.

Choisissez un moment et un endroit calmes où vous pouvez vous concentrer sur la pratique de l'écriture automatique. Assurez-vous d'avoir un stylo et du papier à votre disposition.

Asseyez-vous confortablement, détendez votre corps et votre esprit en respirant profondément. Laissez tomber les distractions et les soucis quotidiens.

Concentrez-vous sur l'établissement d'une connexion avec les êtres de lumière. Vous pouvez le faire en visualisant ou en affirmant votre intention de communiquer avec eux par l'écriture automatique. Demandez à être guidé et à faire preuve de sagesse au cours de ce processus.

Prenez le stylo et commencez à écrire sur le papier sans penser consciemment aux mots ou à leur signification. Laissez vos mains bouger librement, en suivant le flux intuitif. Ne vous préoccupez pas de l'écriture, de l'orthographe ou de la grammaire. L'intention est de permettre à l'information de circuler spontanément et intuitivement.

Gardez l'esprit détendu et réceptif. Soyez ouvert à la réception de messages, d'idées et de révélations de la part des êtres de lumière. N'essayez pas de contrôler ou de diriger le processus. Faites confiance à la sagesse et aux conseils transmis.

Pendant que vous écrivez, prêtez attention aux sentiments, aux images ou aux intuitions qui peuvent surgir dans votre conscience. Il peut s'agir d'informations ou d'indices supplémentaires concernant la communication que vous avez reçue.

Continuez à écrire jusqu'à ce que vous sentiez que la communication a pris fin. Il peut s'agir d'un signe intuitif ou simplement d'un sentiment d'achèvement. Remerciez les Êtres de Lumière pour leur communication et leurs conseils.

Lorsque vous avez terminé, prenez un moment pour lire et réfléchir à ce que vous avez écrit. Ces messages peuvent contenir des idées profondes et des révélations sur vous, votre cheminement spirituel ou vos enseignements.

N'oubliez pas que l'écriture automatique demande de la pratique et de la patience. Toutes les séances d'écriture automatique n'aboutissent pas forcément à des messages clairs et significatifs. Cependant, au fur et à mesure que vous vous entraînerez et que vous approfondirez votre connexion avec les Etres de

Lumière, la qualité et la clarté des messages s'amélioreront.

Lorsque vous vous ouvrez à la communication avec les Etres de Lumière, il est essentiel de cultiver un état de confiance, d'humilité et de gratitude. Il est important de se rappeler que cette communication est un cadeau et une opportunité pour votre croissance spirituelle. En vous connectant plus profondément avec les Etres de Lumière, vous ressentirez plus fortement leur présence aimante et recevrez une sagesse transcendantale, ce qui favorisera votre évolution spirituelle et l'expansion de votre conscience.

5
Applications de la spiritualité cosmique

La spiritualité cosmique n'est pas seulement un voyage de découverte et de croissance intérieure, elle peut également être appliquée de manière pratique et significative dans votre vie quotidienne.

L'une des applications les plus importantes de la spiritualité cosmique est la pratique de la gratitude. Les êtres de lumière nous enseignent à apprécier et à valoriser chaque aspect de la vie, des plus petites choses aux plus grandes bénédictions. En cultivant une attitude de gratitude, vous ouvrez une perspective positive et abondante, en reconnaissant la beauté et la générosité de l'univers. Vous pouvez exprimer votre gratitude au quotidien, que ce soit par des affirmations, des notes dans un journal ou simplement en vous arrêtant pour reconnaître les bénédictions présentes dans votre vie. Regardez autour de vous, vous êtes en vie, n'est-ce pas une bonne raison de remercier ?

Une autre application de la spiritualité cosmique est la pratique de la compassion et de l'amour inconditionnel. Les êtres de lumière rayonnent une énergie d'amour pur et encouragent chacun à étendre cet amour à lui-même et aux autres. Vous pouvez pratiquer la compassion en reconnaissant votre humanité commune, en traitant les autres avec gentillesse, empathie et respect. Cela concerne non seulement vos proches, mais aussi les étrangers, les animaux et la planète elle-même. En vivant avec compassion, vous contribuez à la création d'un monde plus harmonieux et plus aimant.

La recherche de l'équilibre quotidien est une autre application importante de la spiritualité cosmique. Les Êtres de Lumière enseignent qu'il est important d'équilibrer tous les domaines de la vie physique, émotionnelle, mentale et spirituelle. Vous pouvez rechercher l'équilibre par des pratiques telles que le soin de soi, la méditation (déjà expliquée dans les pages précédentes), l'exercice physique régulier, la recherche de moments de tranquillité ou l'adoption d'un mode de vie sain. En donnant la priorité à l'équilibre, vous devenez plus résilient, vous renforcez votre connexion avec votre essence spirituelle et vous vivez avec plus d'harmonie et de plénitude.

La spiritualité cosmique vous invite également à vivre de manière authentique, en exprimant votre vérité intérieure. Les êtres de lumière nous rappellent que chacun possède des dons, des talents et des objectifs uniques. En explorant et en honorant ces qualités, vous vous alignez sur votre véritable essence et contribuez au monde d'une manière significative. Cela implique d'écouter son intuition, de suivre son cœur et d'avoir le courage d'être authentique dans tous les domaines de la vie. En vivant votre vérité, vous inspirez et influencez positivement tous ceux qui vous entourent.

Ce modèle de spiritualité encourage également à vivre dans le présent. Au lieu de rester bloqué dans le passé ou de s'inquiéter de l'avenir, cette approche vous invite à être pleinement présent dans le moment présent. Rappelez-vous que le passé ne peut être changé et que l'avenir est toujours incertain. Les Êtres de Lumière vous apprennent à vous connecter au moment présent en cultivant la conscience et l'attention. Vous pouvez le faire en pratiquant la méditation, en observant consciemment vos pensées et vos émotions, ou simplement en appréciant les petits moments de joie et de beauté qui surviennent dans votre vie quotidienne.

Voici une façon de pratiquer la pleine conscience : en réfléchissant au présent.

La pratique de la pleine conscience peut transformer la façon dont nous gérons les situations difficiles au quotidien. Un exemple simple et efficace consiste à réfléchir au présent et à observer ses réactions émotionnelles avec plus d'attention et de clarté.

Il est naturel de se sentir irrité lorsque l'on entend quelque chose que l'on n'aime pas. Cependant, cette réaction instinctive peut être l'occasion d'exercer votre capacité à analyser la situation de manière rationnelle et équilibrée. Posez-vous la question suivante : ce qui a été dit est-il vraiment une raison valable pour provoquer cette contrariété émotionnelle ? Souvent, en y réfléchissant, vous vous rendrez compte que l'irritation ne contribue pas à une solution ou à votre bien-être.

En adoptant cette attitude réflexive, vous avez la possibilité d'évaluer l'impact réel de la situation et de choisir une réponse plus constructive. Cette pratique améliore non seulement votre capacité à relever les défis, mais réduit également les tensions émotionnelles inutiles, ce qui favorise un état d'esprit plus serein et plus productif.

Il est également important de se rappeler que votre état mental a une influence directe sur votre corps. Les émotions intenses déclenchent la libération de composés chimiques dans le cerveau, ce qui peut avoir un impact sur votre humeur et votre bien-être physique. Par conséquent, prendre l'habitude d'observer et de modérer vos réactions émotionnelles améliore non seulement votre qualité de vie, mais favorise également votre santé mentale et physique.

En pratiquant régulièrement la pleine conscience, vous développez une compétence puissante : la capacité de choisir comment vous réagissez aux circonstances, plutôt que de réagir automatiquement. Ce changement peut être la clé d'une vie plus équilibrée, plus consciente et plus heureuse.

Tout comme nous pouvons apprendre à modérer nos réactions face aux défis, il est tout aussi efficace de se remémorer les moments qui ont suscité de la joie et de la gratitude. Pensez à un moment particulier où vous avez eu des raisons de sourire - qu'il s'agisse d'une rencontre importante, d'une réussite personnelle ou d'un simple geste de gentillesse qui vous a fait chaud au cœur. Lorsque vous revivez ce moment, votre esprit entre naturellement dans un état de gratitude, et ce changement d'orientation génère une vague de bien-être qui peut transformer votre journée.

La gratitude est plus qu'une émotion passagère ; c'est un moyen d'élever votre vibration énergétique et de renforcer votre lien avec le présent. Lorsque nous analysons consciemment ce qui a motivé ce sourire, nous ouvrons un espace pour comprendre nos émotions et nos pensées à un niveau plus profond. Ce processus nous encourage à apprécier les petits bonheurs de la vie, ce qui favorise un sentiment de plénitude qui transcende les circonstances extérieures.

Cette pratique de la gratitude nous rapproche également d'une dimension spirituelle plus large, appelée spiritualité cosmique. En vivant en harmonie avec cette perspective, on prend conscience que chaque émotion, pensée et action a un impact sur le tout universel. Dans ce contexte, la gratitude est non seulement bénéfique pour votre état mental et physique, mais elle renforce également votre lien avec l'énergie cosmique qui imprègne tout ce qui nous entoure.

En intégrant la gratitude dans votre pratique de la pleine conscience, vous transformez les petits moments en portails pour l'autoréflexion et la croissance spirituelle. Vous créez ainsi un pont entre votre monde intérieur et l'immensité du cosmos, ce qui vous aide à mener une vie équilibrée, harmonieuse et utile. Rappelez-vous : la gratitude n'est pas seulement un sentiment ; c'est un choix conscient qui peut guider votre voyage vers une existence plus connectée et plus enrichissante.

En appliquant la spiritualité cosmique à votre vie quotidienne, vous transformez votre façon de vivre et faites l'expérience d'une connexion profonde avec l'univers et votre moi véritable. La gratitude, la compassion, l'équilibre, l'authenticité et la présence consciente ne sont que quelques-unes des façons dont vous pouvez intégrer les enseignements cosmiques dans votre vie. En poursuivant votre voyage à travers les pages de ce livre, vous explorerez d'autres thèmes liés à la spiritualité cosmique et découvrirez comment élargir davantage votre conscience en vivant en alignement avec la sagesse des êtres de lumière.

6
Découverte et connaissance de soi

Sur le chemin de la spiritualité cosmique, la découverte et la connaissance de soi jouent un rôle fondamental. En allant vers l'intérieur, vous explorez les recoins de votre âme et découvrez la véritable essence de votre être. Plongez donc dans le processus de découverte de soi et suivez le chemin de la connaissance de soi à travers la sagesse cosmique.

La découverte de soi est une invitation à explorer qui vous êtes au-delà des couches superficielles de votre personnalité. C'est une invitation à vous connecter à votre essence spirituelle, à votre vérité intérieure et à vos dons uniques. Dans la spiritualité cosmique, chaque individu possède en lui l'étincelle divine, une connexion directe à l'univers et à la source de tout ce qui existe. En vous connectant à cette étincelle, vous ouvrez la porte à un profond voyage de découverte de soi.

Le voyage vers la découverte de soi est un processus profond qui nécessite des pratiques efficaces d'introspection et d'autoréflexion. Parmi ces pratiques figure la « perspective divine », une approche puissante qui vous invite à observer vos propres pensées et actions d'un point de vue élevé, impartial et détaché.

Qu'est-ce que la méthode de la perspective divine ? Cette méthode consiste à adopter une vision omnisciente, en se mettant symboliquement à la place d'une conscience supérieure. Elle permet d'analyser plus clairement son comportement et ses pensées, comme si l'on observait quelqu'un d'autre que soi. L'idée centrale est de surmonter la tendance humaine à justifier ou à minimiser ses propres défauts et limites.

Pourquoi la vision omnisciente est-elle nécessaire ? Parce que lorsque vous vous observez, vous êtes confronté au fait que vous vous connaissez intimement - vos intentions, vos peurs et vos justifications. Contrairement à un observateur extérieur, vous ne pouvez rien vous cacher. Cette transparence totale rend impossible d'ignorer ce qui doit être affronté, exigeant un niveau d'honnêteté qui est la clé de la transformation.

Pour faciliter cette pratique, imaginez que vous êtes Dieu ou une conscience divine et omnisciente. En tant que cette conscience supérieure, vous observez vos propres actions, mais avec un regard neutre, exempt de jugements émotionnels ou de justifications. Ce changement de perspective vous permet de voir plus honnêtement des aspects que nous ignorons souvent lorsque nous analysons nos actions de manière conventionnelle.

Comment appliquer la perspective divine ?

Visualisation impartiale : fermez les yeux et imaginez que vous êtes une entité omnisciente, observant votre vie comme s'il s'agissait d'un film. Visualisez vos actions et vos pensées comme si elles étaient exécutées par quelqu'un d'autre.

Supprimez la charge émotionnelle qui accompagne généralement l'auto-réflexion. Imaginez que vous n'avez aucun lien émotionnel avec les décisions ou les comportements que vous évaluez.

Remettez en question vos actions de manière impartiale. Par exemple : « Ces choix reflètent-ils vraiment les valeurs supérieures que je souhaite suivre ? » ou « Quel a été l'impact de ces actions sur les personnes qui m'entourent ? »

Identifiez les comportements constructifs et ceux qui nécessitent des ajustements. Utilisez cette analyse pour élaborer un plan d'action en vue d'une amélioration continue.

Pourquoi la Perspective Divine est-elle efficace ? Cette méthode vous permet de transcender vos limites humaines, telles que l'indulgence et l'auto-sabotage, qui faussent souvent la façon dont nous évaluons nos actions. En vous imaginant comme une conscience divine, vous devenez capable d'observer votre vie avec clarté et objectivité, en reconnaissant les erreurs et les succès de manière équilibrée.

En outre, l'idée d'adopter une vision omnisciente - dans laquelle rien ne peut être caché à votre propre analyse - élimine toute auto-illusion. Lorsque vous êtes à la fois l'observateur et l'analysé, vous créez un espace unique pour comprendre vos motivations profondes et aligner vos actions sur un objectif plus grand.

La pratique régulière de cette méthode favorise non seulement une meilleure compréhension de vous-même, mais renforce également votre capacité à prendre des décisions en accord avec vos valeurs et vos objectifs les plus élevés. En adoptant la perspective divine, vous transformez l'autoréflexion en un outil pratique de développement personnel et spirituel.

Essayez d'intégrer cette méthode dans votre routine de réflexion. Elle vous permettra de vous voir d'une manière claire, honnête et compatissante, et d'en faire ressortir une version plus authentique, en accord avec votre essence.

Pour appliquer la méthode de la perspective divine, suivez les étapes suivantes.

Réservez un moment de calme pour vous connecter à vous-même. Trouvez un espace où vous vous sentez à l'aise et sans distractions.

Fermez les yeux et respirez profondément, pour permettre à votre esprit et à votre corps de se calmer. Imaginez-vous assis en face d'une autre personne qui vous représente.

De ce point de vue, vous êtes Dieu ou la présence divine, la conscience supérieure, et vous avez toute la connaissance et la compréhension de tout ce que l'autre personne en face de vous est, a fait et pense.

Observez les pensées, les actions et les raisons de l'autre personne d'un point de vue omniscient. Analysez les choix, les motivations et les modèles de comportement, essayez de comprendre comment ils s'alignent sur votre essence et votre objectif véritables, voyez où chaque décision, bonne ou mauvaise, a conduit la personne en face de vous.

En examinant les différents aspects de la vie de cette personne, posez des questions telles que :

« Comment cette action ou cette pensée reflète-t-elle la connexion avec l'étincelle divine à l'intérieur de cette personne ? »

« Est-ce en harmonie avec sa vérité intérieure ? »

« Qu'est-ce que cette personne peut apprendre ou devrait apprendre de cette expérience ? »

Permettez-vous de recevoir des idées et des conseils intuitifs tout en restant ouvert et réceptif aux réponses qui se présentent. Rappelez-vous que lorsque vous vous mettez à la place de l'être divin, vous êtes ouvert à toutes les formes d'énergie de l'univers. Un aspect intéressant de cette perspective est que vous pouvez identifier où vos actions actuelles vous mèneront.

À la fin de cette analyse, remerciez pour la sagesse partagée et pour l'opportunité d'apprendre à vous connaître dans une perspective élargie.

Rappelez-vous que la méthode de la perspective divine est un outil puissant pour la découverte de soi, mais qu'il est également important de l'équilibrer avec de l'amour et de l'auto-compassion. Au fur et à mesure que vous approfondirez cette pratique, vous recevrez de nouvelles informations sur vous-même. En vous plaçant face à vous-même, en tant qu'être omniscient et omnipotent, vous pouvez vous bénir et capter de l'étincelle divine qui est en vous tout l'amour et la compréhension dont vous avez besoin pour comprendre votre but et votre lien avec l'univers.

En explorant la Méthode de la Perspective Divine et les autres enseignements des Êtres de Lumière tout au long de ce livre, vous découvrirez comment incorporer ces pratiques dans votre vie quotidienne et comment élargir votre conscience. Ensemble, nous poursuivrons ce voyage de découverte de soi, d'apprentissage et de croissance spirituelle, à la recherche d'une connexion profonde avec la sagesse cosmique.

Au fur et à mesure que vous avancez sur le chemin de la découverte de soi, vous commencez à vous reconnecter à vos dons et talents uniques. Chacun d'entre nous possède des capacités innées et une contribution unique à apporter à l'univers. La spiritualité cosmique vous encourage à explorer et à honorer ces dons afin qu'ils puissent se manifester dans votre vie. Cela implique de pratiquer des activités créatives, de développer des compétences spécifiques ou simplement d'être prêt à partager ses dons avec les autres. En exprimant vos dons authentiques, vous trouvez un sens profond à votre vie et contribuez à l'évolution collective.

Sur le chemin de la connaissance de soi, il est également important d'embrasser et d'intégrer toutes les parties de soi-même. Cela signifie accepter à la fois vos qualités lumineuses et vos ombres, en reconnaissant qu'elles font toutes partie de votre voyage de croissance. Les êtres de lumière vous rappellent que c'est en acceptant et en intégrant ces parties que vous parvenez à l'harmonie et à l'équilibre intérieurs. La pratique de l'amour de soi et de l'autocompassion joue un rôle fondamental dans ce processus, en vous permettant de vous aimer et de vous accepter.

Au fur et à mesure que vous vous enfoncez dans la découverte et la connaissance de soi, vous découvrez que le voyage ne s'arrête jamais. Vous évoluez constamment, vous grandissez et vous élargissez votre conscience. La spiritualité cosmique nous rappelle que la découverte de soi est un processus continu, une danse entre l'être et le devenir. En vous reconnectant à votre essence spirituelle, vous ouvrez la porte à un vaste potentiel de croissance et de transformation.

7
Transformation émotionnelle et guérison intérieure

Dans la spiritualité cosmique, la transformation émotionnelle et la guérison intérieure sont des piliers fondamentaux de la croissance spirituelle et de l'éveil de la conscience. Les émotions, en tant qu'expressions intrinsèques de l'expérience humaine, sont porteuses de messages profonds qui nous aident à comprendre notre relation avec l'univers et avec nous-mêmes. Cependant, lorsque ces émotions ne sont pas correctement reconnues et traitées, elles deviennent des sources de souffrance, limitant notre potentiel d'évolution.

Les Êtres de Lumière, dans leur sagesse, nous enseignent l'importance d'accueillir nos émotions avec amour et compassion, en nous permettant de les ressentir pleinement. Honorer la présence des émotions, même les plus difficiles, est le premier pas vers leur intégration et leur transformation en outils de croissance et de découverte de soi. Cette pratique nous aide à réaliser que chaque émotion apporte avec elle une leçon précieuse, une occasion d'élargir notre conscience.

La transformation émotionnelle commence par la prise de conscience. Il s'agit d'être présent et attentif à ce que nous ressentons, de reconnaître l'existence de nos émotions sans les juger. Nous devons explorer leurs origines et leurs messages, en nous demandant : « Qu'est-ce que cette émotion essaie de nous dire ? « Qu'est-ce que cette émotion essaie de me dire ? En acceptant et en examinant ouvertement nos émotions, nous nous connectons à la sagesse qu'elles nous offrent, leur permettant de devenir des catalyseurs de la transformation intérieure.

La spiritualité cosmique propose diverses pratiques pour faciliter le processus de guérison émotionnelle :

La méditation est un outil puissant qui nous aide à observer nos émotions sans nous identifier à elles. Pendant la méditation, vous pouvez visualiser vos émotions comme des vagues dans l'océan, qui vont et viennent, tout en restant ancrées dans votre essence spirituelle. Cette pratique favorise le lâcher-prise des schémas émotionnels négatifs et ouvre l'espace à des états d'équilibre et de paix intérieure.

La pratique du pardon est essentielle pour libérer les émotions qui nous lient au passé, comme le ressentiment, la culpabilité et les regrets. Le pardon, tant pour soi que pour les autres, ne signifie pas justifier des actions nuisibles, mais plutôt se libérer du poids émotionnel qu'elles portent. Cela permet à l'amour et à la compassion de circuler librement et de rétablir l'harmonie intérieure.

Cultiver la gratitude est un moyen de transformer les émotions négatives en émotions positives. Lorsque nous nous concentrons sur les bienfaits présents dans notre vie, même dans les moments difficiles, nous élevons notre vibration énergétique et renforçons notre connexion avec le cosmos.

Bien que le voyage de transformation émotionnelle soit profondément personnel, un soutien extérieur peut s'avérer inestimable. Chercher de l'aide auprès de thérapeutes, de conseillers spirituels ou de groupes de soutien crée un espace sûr pour explorer les émotions et partager les expériences. Cet échange d'énergie favorise la guérison collective et renforce le cheminement individuel.

Il est important de se rappeler que la guérison intérieure n'est pas une destination, mais un processus continu. Chaque couche d'émotion traversée conduit à de nouvelles découvertes et à des opportunités de croissance. En avançant, nous élargissons notre conscience et nous nous alignons sur notre véritable potentiel.

La transformation émotionnelle, en accord avec les enseignements des Êtres de Lumière, nous rappelle que nous sommes des êtres en constante évolution. En accueillant nos émotions avec amour et en les intégrant à notre voyage spirituel, nous devenons des canaux de lumière et d'harmonie, rayonnant l'équilibre dans le monde qui nous entoure.

8
Intuition et capacités psychiques

Dans la spiritualité cosmique, le développement de l'intuition et des capacités psychiques est une partie essentielle du chemin spirituel. Vous êtes impliqué dans des énergies subtiles et leur compréhension fait partie de votre croissance en tant qu'être multidimensionnel. Vous apprendrez l'importance de cultiver ces capacités et comprendrez comment elles vous aident sur votre chemin de croissance et d'expansion.

Mais avant d'aller plus loin, il peut être important de clarifier la signification holistique du terme « subtil » afin que le contenu de ce chapitre puisse être pleinement compris.

Dans la conception holistique, le terme « subtil » est utilisé pour décrire quelque chose de délicat, de doux et qui n'est pas facilement perceptible par les sens physiques. Il s'agit d'une qualité qui dépasse le niveau matériel et se réfère aux énergies, aux vibrations et aux aspects non physiques de la réalité.

Dans l'approche holistique, tout dans l'univers est interconnecté et régi par un réseau d'énergies et d'informations. Ces énergies subtiles sont présentes dans tous les aspects de la vie, des émotions humaines à la nature qui nous entoure. Cependant, nous ne pouvons pas toujours les percevoir avec nos sens physiques ordinaires.

Par exemple, l'intuition est considérée comme une forme de connaissance subtile. C'est cette voix intérieure qui nous guide et nous donne des idées et des compréhensions qui vont au-delà de ce que les pensées rationnelles peuvent atteindre.

Dans le contexte de l'intuition et du développement spirituel, être à l'écoute du subtil signifie être conscient des nuances de la vie, prêter attention aux signes, aux synchronicités et aux modèles qui se manifestent autour de soi. Cela implique une plus grande sensibilité aux énergies subtiles qui imprègnent l'environnement et la propre conscience.

L'intuition est la capacité innée d'accéder à l'information au-delà de la connaissance rationnelle et logique. C'est la voix intérieure, la sagesse profonde qui vous guide et vous relie à l'essence de l'univers. En développant votre intuition, vous ouvrez un canal de communication direct avec la sagesse cosmique et les êtres de lumière.

L'un des moyens de développer l'intuition est la pratique de la méditation (déjà expliquée dans les pages précédentes). Lorsque vous apaisez votre esprit, vous devenez réceptif aux messages subtils qui se présentent. La méditation crée un espace intérieur propice à l'écoute de l'intuition et à la reconnaissance de ses conseils avisés. En pratiquant régulièrement la méditation, vous devenez plus sensible aux signes et aux synchronicités envoyés par l'univers.

Une autre façon de développer son intuition et de se connecter à son essence spirituelle est de faire confiance et de pratiquer des techniques qui permettent d'entrer en contact avec sa propre âme. L'âme est l'essence spirituelle, c'est ce qui vit au-delà du plan physique, c'est votre connexion avec la source de la création de tout ce qui existe. En cultivant une relation intime avec votre essence spirituelle, vous apprenez à reconnaître et à faire confiance aux informations que vous recevez intuitivement. Ce processus implique de développer l'authenticité et la capacité à suivre votre vérité intérieure, même si elle va à l'encontre de l'opinion de la société ou des attentes extérieures.

Pour vous connecter à votre essence spirituelle, voici quelques pratiques à adopter :

Connaissance de soi : prenez le temps de réfléchir à vos croyances, à vos valeurs et au but de votre vie. Interrogez-vous sur vos passions, vos talents et ce qui vous apporte du sens. En apprenant à mieux vous connaître, vous vous rapprocherez de votre essence spirituelle.

Observation consciente : gardez votre esprit dans le moment présent, observez vos pensées, vos émotions et vos sensations physiques. Apprenez à reconnaître les schémas et les réponses automatiques qui se présentent. Cette conscience accrue vous permettra de vous connecter plus profondément à votre vérité intérieure.

Pratique de la gratitude : cultivez un état de gratitude en portant votre attention sur les bénédictions et les moments de joie qui jalonnent votre parcours. La gratitude ouvre le cœur et renforce votre connexion avec votre essence spirituelle.

Écriture intuitive : prenez le temps d'écrire librement, sans censure ni jugement. Laissez les mots couler intuitivement, en exprimant vos pensées, vos émotions et vos idées. Cette pratique vous aide à accéder à votre sagesse intérieure et à approfondir votre connexion avec votre essence spirituelle.

Se connecter à la nature : Rapprochez-vous de la nature et appréciez sa beauté et sa sérénité. Marchez dans une forêt ou un parc, contemplez le coucher de soleil ou respirez simplement l'air frais, imaginez le pouvoir impliqué dans chaque création que vous percevez, après tout, vous en faites partie. Vous êtes la seule forme de vie dans la nature qui soit consciente de sa grandeur, qui sache qui vous êtes et ce que vous êtes.

La nature a été créée et existe pour vous permettre de vivre. Elle possède une énergie curative et peut vous aligner sur votre essence spirituelle.

Rappelez-vous que chaque personne a un parcours spirituel unique et que le chemin pour se connecter à son essence spirituelle peut varier. Expérimentez différentes pratiques et trouvez celles qui résonnent le mieux en vous. Soyez patient avec vous-même, car le processus de connexion avec votre essence spirituelle est continu et exige dévouement et compassion.

En continuant à explorer les enseignements des Êtres de Lumière dans ce livre, vous trouverez d'autres idées et pratiques pour approfondir la connexion avec votre essence spirituelle. Le voyage de découverte de soi et de connexion avec sa vérité intérieure est une quête précieuse et transformatrice, et un chemin qui vaut la peine d'être parcouru.

Une autre technique importante est la pratique de l'écoute intérieure. Il s'agit de se mettre à l'écoute de sa voix intérieure, de la sagesse qui surgit en soi. En apprenant à faire taire votre esprit et à écouter attentivement, vous recevez des conseils et des informations précieuses provenant des royaumes subtils. Cette pratique vous aide également à discerner entre la voix de l'ego et la voix intuitive, ce qui vous permet de prendre des décisions en accord avec votre véritable personnalité.

Outre l'intuition, la spiritualité cosmique valorise également le développement des capacités psychiques, telles que la clairvoyance, la clairaudience et la télépathie. Ces capacités vous permettent d'accéder à des informations au-delà des cinq sens physiques, en établissant des connexions avec les plans subtils de l'existence. Pour renforcer et développer ces capacités, il est essentiel de consacrer du temps à la pratique et à l'amélioration de votre sensibilité énergétique.

Cet exercice simple et pratique peut vous aider à renforcer votre sensibilité énergétique et à élargir votre connexion avec le flux d'énergie qui vous entoure.

Trouvez un endroit calme où vous ne serez pas interrompu. Asseyez-vous confortablement dans une position qui vous permette de garder votre colonne vertébrale droite. Fermez les yeux et prenez quelques minutes pour vous connecter à votre respiration.

Prenez quelques respirations profondes, en inspirant par le nez et en expirant par la bouche. À chaque respiration, permettez à votre esprit de se calmer, en relâchant les tensions et les inquiétudes. Imaginez qu'en expirant, vous vous débarrassez de tout ce qui ne vous sert pas en ce moment.

Une fois que vous avez atteint un état de relaxation, portez votre attention sur l'espace qui vous entoure. Imaginez que vous êtes immergé dans un champ d'énergie subtile. Sentez cette énergie envelopper votre corps, comme une brise légère ou une douce chaleur. Permettez-vous de percevoir les nuances et les motifs de cette énergie, sans hâte ni effort.

Concentrez ensuite votre attention sur vos mains. Imaginez qu'elles sont enveloppées d'une lumière douce et agréable, comme si elles étaient irradiées par une énergie divine. Visualisez cette lumière qui circule dans vos mains, de façon harmonieuse.

Soyez attentif aux sensations qui se présentent. Vous pouvez ressentir de la chaleur, des picotements, des vibrations ou même une légère pulsation. Ne vous inquiétez pas si vous ne ressentez rien immédiatement ; restez simplement ouvert à l'expérience.

Au fur et à mesure que vous ressentez cette énergie, imaginez qu'elle s'intensifie. Visualisez-la remplissant vos mains et s'étendant progressivement à vos bras, à votre corps et à l'ensemble de votre champ d'énergie. Permettez à cette lumière de vous apporter un sentiment d'équilibre, d'harmonie et de bien-être.

Lorsque vous êtes prêt à mettre fin à la méditation, ramenez lentement votre attention sur votre respiration. Respirez à nouveau profondément, en vous sentant présent et connecté. Ouvrez lentement les yeux et permettez-vous d'intégrer cette expérience dans votre journée.

En pratiquant régulièrement cette méditation, votre perception subtile deviendra plus fine et vous commencerez à percevoir plus clairement les flux d'énergie qui vous entourent. Cet exercice peut également ouvrir la voie au développement de capacités psychiques, telles que l'intuition et la sensibilité énergétique.

N'oubliez pas que le développement de ces capacités demande du temps, du dévouement et de la patience. Au fur et à mesure que vous avancez dans votre voyage spirituel, il est important de purifier et d'élever votre propre énergie par des pratiques telles que la méditation. La visualisation d'une lumière blanche enveloppant votre corps et la recherche de l'harmonie intérieure contribuent à ce processus. Avec le temps et une pratique régulière, vous serez de plus en plus à l'écoute des énergies subtiles qui vous entourent et serez en mesure d'explorer le vaste potentiel de vos capacités psychiques.

Le développement de l'intuition et des capacités psychiques nécessite un équilibre entre l'ouverture au monde spirituel et l'ancrage dans la réalité quotidienne. Il est important de se rappeler que vous êtes un être multidimensionnel, capable d'accéder à différents niveaux de conscience. Cependant, vous êtes aussi sur Terre pour vivre des expériences humaines et contribuer à la transformation du monde.

Lorsque vous développez vos capacités intuitives et psychiques, vous devez toujours vous rappeler de les utiliser de manière responsable et avec amour. Ce sont des outils puissants qui vous aident dans votre voyage spirituel à la recherche de la vérité, mais ils doivent également être intégrés de manière équilibrée dans votre vie quotidienne.

Alors que vous continuez à explorer la spiritualité cosmique, il est important de vous rappeler que le développement de l'intuition et des capacités psychiques est un processus continu. Il nécessite de la pratique, de la patience et du dévouement, mais les bénéfices sont incommensurables. En vous ouvrant au monde subtil et en faisant confiance à votre sagesse intérieure, vous découvrirez un nouveau niveau de connexion avec l'univers et avec votre propre essence divine.

« Connais-toi toi-même ».

Cette phrase emblématique était inscrite sur l'Oracle de Delphes, un sanctuaire de la Grèce antique célèbre pour ses réponses énigmatiques et ses conseils spirituels. On pense qu'elle a été écrite par le philosophe grec Socrate, qui appréciait l'importance de la connaissance de soi comme voie vers la sagesse et l'épanouissement personnel, ce qui montre que la connaissance de soi est une pratique vieille de plusieurs siècles. En vous connectant à votre essence spirituelle et en approfondissant votre voyage de découverte de soi, vous ouvrez les portes à une compréhension plus profonde de vous-même et du monde qui vous entoure. La phrase « Connais-toi toi-même » nous rappelle l'importance d'explorer nos valeurs, nos croyances et nos identités afin de vivre avec authenticité et sens.

9
L'expansion de la conscience individuelle

L'expansion de la conscience est un voyage fascinant, une invitation à explorer les profondeurs de son être, à transcender les limites de sa réalité. Dans la spiritualité cosmique, l'expansion de la conscience est considérée comme l'étape fondamentale de l'évolution spirituelle, car elle permet d'accéder à des niveaux supérieurs de compréhension et de sagesse.

En entreprenant ce voyage d'expansion de la conscience, vous êtes invité à remettre en question vos croyances limitatives et à élargir vos horizons. Vous avez parfois l'habitude de voir le monde d'un point de vue étroit, en fonction de vos expériences passées et de votre conditionnement social. Cependant, la spiritualité cosmique vous invite à dépasser ces limites et à explorer de nouvelles dimensions.

Comme on parle beaucoup de « croyances limitantes » de manière holistique, il convient d'expliquer la signification de ce terme afin que vous soyez pleinement conscient de ce qu'est une « croyance limitante » et de la manière dont elle affecte votre vie.

Les croyances limitantes sont des convictions profondément ancrées dans votre esprit qui agissent comme des barrières invisibles, limitant vos actions, vos décisions et la façon dont vous percevez le monde et vous-même. Ces croyances se forment souvent tout au long de la vie, sur la base d'expériences passées, d'interprétations erronées des événements et d'un conditionnement social ou culturel. Par exemple, des pensées telles que « Je ne suis pas assez bon », « Je ne mérite pas le succès » ou « Les choses ne changent jamais pour moi » sont des exemples courants de croyances limitatives qui façonnent votre réalité de manière négative.

Ces croyances affectent la vie de manière significative car elles agissent comme des filtres mentaux qui déterminent la manière dont vous réagissez à différentes situations. Elles peuvent limiter votre potentiel, vous empêcher d'atteindre vos objectifs ou même déformer vos perceptions, vous faisant voir des défis là où il y a des opportunités. Parce qu'elles sont inconscientes la plupart du temps, ces croyances agissent en arrière-plan, influençant vos choix et sabotant vos progrès sans que vous vous en rendiez compte.

En remettant en question et en surmontant ces croyances, vous ouvrez la voie à une transformation personnelle et spirituelle. Il s'agit d'identifier les pensées ou les schémas qui ne servent plus votre objectif et de les remplacer par des croyances stimulantes qui favorisent votre croissance. Dans ce contexte, la spiritualité cosmique vous invite à élargir votre conscience, à vous libérer des limites imposées par ces croyances et à explorer de nouveaux horizons de possibilités. En laissant ces barrières derrière vous, vous pouvez vivre plus pleinement, en accord avec votre véritable potentiel.

Tout au long de votre voyage d'expansion de la conscience, le dépassement des croyances limitatives joue un rôle crucial. Comme nous l'avons vu, ces croyances sont des barrières qui restreignent votre potentiel et déforment votre perception de la réalité. Lorsqu'elles sont identifiées et transformées, elles deviennent des opportunités pour vous d'élargir votre compréhension de vous-même et du cosmos, en ouvrant l'espace pour des pratiques qui vous connectent à des dimensions plus élevées et à votre essence divine.

L'un des moyens les plus efficaces de lutter contre les croyances limitatives est la pratique régulière de la méditation, dont nous avons déjà parlé dans les pages précédentes. La méditation ne se contente pas de calmer l'esprit, elle crée également un état de réceptivité qui facilite la reconnaissance et la dissolution de ces croyances. Dans cet état de calme et de connexion intérieure, vous pouvez observer plus clairement vos pensées et vos schémas émotionnels, ce qui permet d'identifier les croyances limitantes et de les remplacer par des perspectives plus positives et valorisantes.

En libérant les croyances qui vous lient à une vision limitée, vous ouvrez la voie à des pratiques telles que la projection astrale. Cette expérience dépasse les limites du corps physique et offre une occasion unique d'explorer des domaines subtils et des dimensions supérieures. Au cours de la projection astrale, vous pouvez rencontrer des êtres de lumière et des guides spirituels qui vous offrent des perspectives profondes et de la sagesse pour votre voyage. Cette pratique élargit non seulement votre perception du cosmos, mais renforce également l'idée que vos limites sont créées par des barrières internes qui peuvent être surmontées.

À mesure que vous vous aventurez dans les plans supérieurs, l'intégration de la connaissance de soi à l'expansion de la conscience devient évidente. Reconnaître et travailler sur vos croyances limitatives fait partie du processus de plongée dans votre moi intérieur et de confrontation avec les aspects les plus profonds de votre psyché. Cela inclut à la fois les traits clairs et les traits sombres, car les uns et les autres sont essentiels à votre évolution spirituelle.

Transformer ces croyances est une étape indispensable pour s'éveiller à sa véritable essence. Ce faisant, vous devenez de plus en plus conscient de votre lien avec le cosmos et de votre nature multidimensionnelle. Dans cet état de conscience élargie, vous réalisez que les croyances limitantes ne sont pas seulement des obstacles à surmonter, mais aussi des invitations à vous ouvrir à de nouveaux horizons, en vivant en alignement avec la sagesse et l'amour de l'univers.

Ainsi, surmonter les croyances limitantes n'est pas une fin en soi, mais une étape essentielle dans votre voyage permanent de découverte de soi et d'expansion de la conscience. En intégrant ces transformations à des pratiques spirituelles telles que la méditation et la projection astrale, vous renforcez votre lien avec le cosmos et accédez au véritable but de votre existence.

10
Vertus et valeurs des êtres de lumière

Dans la spiritualité cosmique, la culture des vertus et des valeurs joue un rôle fondamental dans le processus de croissance spirituelle et la recherche d'une vie pleine et significative. Les Êtres de Lumière croient que ces vertus et valeurs sont fondamentales pour la création d'une société harmonieuse, ainsi que pour l'élévation de la conscience collective.

L'une des vertus essentielles cultivées dans la spiritualité cosmique est la compassion. La compassion est la capacité de se mettre à la place de l'autre, d'éprouver de l'empathie et de comprendre sa douleur et ses difficultés. La compassion nous invite à agir avec gentillesse et bienveillance, en reconnaissant l'interconnexion de tous les êtres. En cultivant la compassion, vous élargissez votre conscience, ce qui favorise la guérison et l'harmonie dans votre entourage.

Une autre vertu appréciée par les êtres de lumière est la sagesse. La sagesse est le résultat de la recherche continue de la connaissance, de l'expérience et de la réflexion profonde. La sagesse nous permet de percevoir la vérité et d'agir avec discernement dans toutes les situations. La recherche de la sagesse implique un processus de découverte et de connaissance de soi, au cours duquel on apprend de ses expériences et on s'ouvre à une compréhension plus profonde de la vie et de soi-même.

Les Êtres de Lumière considèrent l'intégrité comme une vertu fondamentale. L'intégrité implique d'agir en accord avec des valeurs supérieures ; vous devez être authentique et droit dans vos actions et vos paroles. C'est la capacité à tenir ses engagements et à honorer ses promesses. Cultiver l'intégrité vous permet de vivre selon votre vérité intérieure, en établissant des relations de confiance et de respect avec les autres.

La gratitude (mentionnée plus haut) est également une vertu essentielle de la spiritualité cosmique. La gratitude est l'invitation à reconnaître et à apprécier les bénédictions et les cadeaux de la vie, même dans les moments difficiles. Elle vous apprend à apprécier et à exprimer votre gratitude pour chaque expérience, personne ou opportunité qui croise votre chemin. En cultivant la gratitude, vous ouvrez votre cœur à l'abondance et à la joie.

Dans la spiritualité cosmique, les valeurs jouent également un rôle fondamental dans le cheminement de la croissance spirituelle. Parmi les valeurs les plus importantes des Êtres de Lumière, il y a l'harmonie. L'harmonie implique la recherche d'un équilibre entre tous les domaines de la vie, avec le monde qui vous entoure. C'est la recherche de la paix intérieure et d'une collaboration harmonieuse avec les autres et avec la nature.

Une autre valeur essentielle est la vérité. Les Êtres de Lumière valorisent la recherche de la vérité intérieure et de l'authenticité dans toutes les actions. Cela implique de vivre en accord avec ses valeurs et d'être honnête avec soi-même et avec les autres. La recherche de la vérité vous aide à grandir et à évoluer spirituellement, en établissant une connexion avec votre essence la plus profonde.

Le respect est une valeur fondamentale de la spiritualité cosmique. Le respect implique d'apprécier et d'honorer la dignité de tous les êtres, quelles que soient leurs différences. C'est reconnaître l'égalité et la diversité comme des aspects enrichissants de la vie. En pratiquant le respect, vous contribuez à construire des relations saines et à créer une société juste et inclusive.

Enfin, les êtres de lumière considèrent l'amour comme la valeur suprême. L'amour inconditionnel est la force qui imprègne l'univers tout entier, reliant toutes les formes de vie. Cultiver l'amour dans son cœur et l'exprimer dans l'action est la voie de l'élévation spirituelle et de la transformation personnelle. L'amour est la connexion avec la Source, c'est ce qui permet à une personne de vivre avec compassion, gentillesse et empathie.

En cultivant les vertus et les valeurs des êtres de lumière, vous créez une base solide pour le voyage spirituel et devenez un agent de transformation positive dans le monde. Ces valeurs sont un guide dans l'expansion de la conscience individuelle, vous reliant à votre essence la plus élevée et vous inspirant à vivre en harmonie avec tous les êtres et l'univers.

11
Le pouvoir de transformation du cube de lumière

Sur le chemin du voyage spirituel, il existe diverses pratiques et techniques qui aident à la recherche de la connexion intérieure, de l'expansion de la conscience et de l'équilibre énergétique. L'une de ces pratiques puissantes est le Cube de Lumière, un outil qui vous permet d'accéder et d'utiliser les hautes énergies pour la transformation personnelle et la manifestation consciente.

Le Cube de Lumière est une représentation symbolique d'un champ d'énergie multidimensionnel qui contient des informations et des vibrations positives. Il peut être visualisé et travaillé mentalement sous la forme d'un cube de lumière transparent, brillant et pulsant. À l'intérieur de ce cube, vous trouvez un espace sacré où vous pouvez diriger vos intentions et mener à bien des processus de guérison, d'expansion et de transformation.

Lorsque vous travaillez avec le Cube de Lumière, il est essentiel d'établir un environnement paisible et favorable à la pratique.

Trouvez un endroit où vous vous sentez à l'aise et où il n'y a pas d'interruptions. Prenez quelques instants pour vous calmer et vous détendre. Respirez profondément et laissez votre esprit s'apaiser.

Une fois que vous avez atteint un état de relaxation et de méditation, visualisez un cube de lumière vive devant vous. Observez sa forme, ses couleurs et sa luminosité. Sentez l'énergie qui en émane, sentez qu'il véhicule un sentiment de paix, d'amour et d'harmonie.

En vous connectant à l'énergie du cube, déplacez-le, laissez-le envelopper tout votre être, le remplir de lumière et de positivité.

À l'intérieur du cube de lumière, vous pouvez effectuer différentes pratiques et travailler avec différentes intentions.

Guérison et transformation : lorsque vous entrez dans le Cube de Lumière, vous pouvez orienter votre intention vers la guérison d'aspects physiques, émotionnels ou spirituels qui ont besoin d'équilibre et d'harmonie. Visualisez-vous à l'intérieur, voyant la lumière qui remplit toutes les zones, dissolvant les blocages et favorisant une guérison profonde.

Manifestation consciente : Utilisez le Cube de Lumière comme un espace sacré pour manifester vos désirs et vos rêves. Visualisez vos objectifs déjà atteints à l'intérieur du cube, en ressentant la joie et la gratitude pour leur matérialisation. Envoyez cette énergie de manifestation dans l'univers, en ayant confiance que le processus de création est en cours.

Purification énergétique : Imaginez-vous à l'intérieur du Cube de Lumière, permettant à sa lumière brillante de pénétrer chaque cellule de votre être. Sentez la lumière dissoudre les énergies négatives, transmuter les schémas limitatifs et élever votre vibration. Laissez la lumière du cube vous purifier et vous renouveler complètement.

Connexion spirituelle : Utilisez le Cube de Lumière pour vous connecter avec votre Moi Supérieur, vos guides spirituels ou les Etres de Lumière. Visualisez-vous à l'intérieur du cube, vous ouvrant à la sagesse, à la guidance et à l'inspiration. Soyez ouvert à la réception des messages ou des idées qui surgissent au cours de cette connexion.

En vous exerçant régulièrement à travailler avec le Cube de Lumière, vous renforcez votre connexion avec l'énergie cosmique, votre sagesse intérieure et votre capacité à créer consciemment votre réalité. Rappelez-vous que le cube est un outil puissant, mais que c'est votre intention et votre présence consciente qui activent et amplifient ses effets.

Après chaque séance de travail avec le Cube de Lumière, prenez un moment pour exprimer votre gratitude pour l'expérience et les transformations qui se manifestent dans votre vie. Permettez à l'énergie du cube de continuer à circuler et à s'étendre, en rayonnant vers l'environnement et l'univers.

En intégrant la pratique du Cube de Lumière dans votre cheminement spirituel, vous ouvrirez les portes du développement personnel, de la manifestation consciente de vos désirs les plus profonds et de la connexion avec les dimensions supérieures de la conscience. Profitez de cet outil puissant et permettez au Cube de Lumière d'éclairer votre chemin vers votre essence divine.

Continuez à explorer, à expérimenter et à approfondir votre relation avec le Cube de Lumière. Rappelez-vous que cette pratique est un voyage en soi, et que chaque moment consacré à cette connexion renforce votre lien avec les énergies cosmiques et votre potentiel de création consciente. Soyez ouvert aux idées, aux apprentissages et aux bénédictions que cette pratique apportera à votre vie.

Je vous invite à entrer dans cette expérience avec le Cube de Lumière et à lui permettre de guider votre voyage de découverte de soi, de guérison et de transformation. Ayez confiance en votre pouvoir et en votre capacité à manifester la réalité que vous désirez.

La lumière est en vous, prête à briller et à éclairer le chemin.

12
Principes fondamentaux de la méditation cosmique

La méditation joue un rôle central dans la spiritualité cosmique. C'est une pratique essentielle qui vous permet d'entrer dans un état de connexion profonde avec votre être intérieur et avec les énergies subtiles de l'univers. La méditation cosmique est une technique puissante qui permet d'élargir la conscience, d'augmenter les vibrations et d'accéder à des niveaux supérieurs de perception spirituelle.

Les fondements de la méditation cosmique sont ancrés dans la simplicité et la concentration de l'esprit. Bien qu'elle ait été expliquée dans les pages précédentes, pour une meilleure compréhension du chapitre, je vais décrire une autre méthode pratique de méditation.

Pour commencer, trouvez un endroit calme où vous pouvez vous asseoir confortablement. Il est préférable de choisir un environnement calme où vous

vous sentez connecté à la nature et où vous pouvez vous détendre profondément.

Une fois installé confortablement, fermez les yeux et concentrez-vous sur votre respiration. La respiration joue un rôle important dans la méditation cosmique, car elle permet d'ancrer le moment présent et de détendre le corps et l'esprit. Respirez profondément, en prêtant attention au mouvement de l'air qui entre et sort du corps.

Tout en vous concentrant sur votre respiration, permettez à votre esprit de se calmer. Remarquez les pensées qui surgissent, mais ne vous y attachez pas. Laissez-les passer doucement, comme des nuages dans le ciel, et concentrez-vous sur votre respiration. La pratique consistant à observer les pensées sans s'y attacher est un moyen d'entraîner l'esprit à devenir plus calme et plus réceptif.

Une fois que votre esprit s'est calmé, vous pouvez commencer à porter votre attention sur votre moi intérieur. Sentez la présence de votre moi essentiel, votre connexion avec la Source et la conscience cosmique. Autorisez-vous à ressentir un sentiment de paix, d'amour et d'expansion intérieure. En vous mettant au diapason de cette énergie, vous vous ouvrez à la compréhension, à la guidance et à la guérison.

Pendant la méditation cosmique, vous pouvez également vous visualiser dans un environnement cosmique. Imaginez-vous dans un lieu de beauté et de paix, entouré d'êtres de lumière. Ressentez l'énergie d'amour et de guérison de ces êtres qui vous entourent d'amour et de sagesse. Autorisez-vous à recevoir les messages ou les conseils qui peuvent surgir au cours de cette visualisation.

La méditation cosmique implique également l'utilisation de fréquences et d'énergies subtiles pour élever votre vibration et élargir votre conscience. Vous pouvez utiliser des affirmations positives, telles que « Je suis la lumière » ou « Je suis l'amour », tout en méditant pour renforcer votre connexion avec votre nature divine. En outre, vous pouvez utiliser des cristaux ou des symboles comme soutien énergétique pendant la méditation.

N'oubliez pas que la pratique de la méditation est personnelle et unique. Il n'y a pas de bonne ou de mauvaise façon de méditer. L'important est de prendre le temps de se connecter à son essence intérieure, en recherchant la paix et la clarté mentale, afin de recevoir les dons spirituels offerts par la méditation cosmique.

En approfondissant votre pratique de la méditation, vous développerez une plus grande sensibilité spirituelle, ainsi qu'une connexion profonde avec les royaumes subtils de l'existence. Cette pratique aide à élargir votre conscience afin que vous puissiez découvrir votre véritable nature, en vous alignant sur votre mission spirituelle sur Terre.

13
Méditation pour la connexion avec la Source

Dans la spiritualité cosmique, la connexion avec la Source est considérée comme une quête fondamentale. La Source est l'énergie primordiale, la conscience cosmique d'où tout provient. La connexion avec cette énergie apporte une guérison profonde, la sagesse et l'expansion de la conscience. Vous découvrirez quelques techniques de méditation qui vous aideront à renforcer votre connexion avec la Source de toutes choses.

Méditation sur la respiration consciente : Commencez par vous asseoir confortablement et fermez les yeux. Concentrez-vous sur votre respiration, en l'observant lorsqu'elle entre et sort de votre corps.

Lorsque votre esprit se calme, portez votre attention sur la sensation d'expansion qui se produit à chaque inspiration et sur la sensation de relâchement qui se produit à chaque expiration. Sentez-vous connecté à l'énergie vitale qui vous traverse, en reconnaissant que cette énergie provient de la Source.

Méditation du mantra sacré : choisissez un mantra qui résonne en vous, tel que « Je suis un avec la Source » ou « Je me connecte à la Source divine ». Répétez le mantra en permettant à ses mots de créer une vibration puissante en vous. Concentrez-vous sur l'intention qui sous-tend le mantra et sentez l'énergie de la Source fusionner avec la vôtre. Laissez le mantra vous conduire à un état méditatif plus profond où vous pourrez faire l'expérience d'une connexion plus intense.

Méditation sur la lumière blanche : visualisez une lumière blanche brillante qui remplit tout votre être. Imaginez que cette lumière est une manifestation directe de la Source, pure et sacrée. Permettez à cette lumière blanche de nettoyer et de purifier votre esprit, votre corps et votre âme, en dissolvant toute énergie négative ou tout blocage. Sentez cette lumière aimante vous envelopper et permettez-lui de renforcer votre connexion avec la Source.

Méditation de gratitude : la gratitude est un outil puissant pour se connecter à la Source. Prenez le temps de réfléchir aux bienfaits de votre vie et d'éprouver une profonde gratitude à leur égard. Pendant que vous méditez, concentrez-vous sur tous les aspects de la vie pour lesquels vous êtes reconnaissant, des choses les plus simples aux plus importantes. Sentez que la Source est présente dans toutes ces bénédictions et que la gratitude élargit votre connexion avec cette énergie divine.

Méditation à cœur ouvert : imaginez que votre cœur s'ouvre comme une fleur qui s'épanouit. Visualisez-le rempli d'amour inconditionnel et de compassion. En vous concentrant sur l'amour dans votre cœur, sentez que cette énergie d'amour est connectée à la Source. Laissez votre cœur se dilater de plus en plus, en vous connectant profondément à l'énergie de la Source, qui est l'essence pure de l'amour universel.

Lorsque vous pratiquez ces techniques de méditation pour vous connecter à la Source, n'oubliez pas que la clé réside dans votre intention. Soyez patient et persévérant dans votre pratique, afin de permettre à la connexion avec la Source de s'approfondir au fil du temps. La méditation est un voyage personnel et unique pour chacun, et votre expérience avec la Source sera également unique pour vous.

14
Approfondir la connexion

Sur le chemin spirituel, il est essentiel de rechercher une connexion profonde avec la sagesse cosmique. La sagesse cosmique est la compréhension et la connaissance qui transcendent les limites de l'esprit humain et proviennent de la conscience universelle. C'est une source illimitée de compréhension, de clarté et d'orientation qui vous aide à comprendre la véritable nature et le but de votre existence. Nous explorerons les moyens d'approfondir cette connexion et cette sagesse, en apprenant à les intégrer dans votre cheminement spirituel.

Silence intérieur : la sagesse cosmique émerge souvent du silence. Réservez du temps chaque jour pour être en silence, que ce soit par la méditation, la contemplation ou simplement en vous déconnectant des bruits extérieurs. En permettant à votre esprit de se calmer et de s'apaiser, vous créez un espace où la sagesse cosmique peut se révéler. Soyez ouvert et réceptif aux messages subtils qui surgissent pendant ces moments de silence.

Se connecter à la nature : la nature est un portail vers la sagesse cosmique et fait partie de sa manifestation. En vous connectant au monde naturel, vous faites l'expérience de l'harmonie et de l'ordre présents dans toute la création. Passez du temps à l'extérieur, à observer la beauté de la nature. Grâce à cette connexion, vous ressentez l'interconnexion profonde avec l'univers et recevez des informations sur la sagesse cosmique.

Étude spirituelle : la recherche de la connaissance et de la sagesse par l'étude spirituelle est également un moyen d'approfondir votre connexion avec la sagesse cosmique. Lisez des livres, assistez à des conférences, participez à des ateliers ou étudiez les enseignements de maîtres spirituels. Ces sources offrent des perspectives et des éclairages qui élargissent la compréhension et éveillent la sagesse intérieure. Rappelez-vous que l'étude spirituelle ne se limite pas à la théorie, mais qu'elle est également liée à la pratique et à l'expérience directe.

S'accorder à l'intuition : l'intuition est un canal direct vers la sagesse cosmique. En développant votre capacité intuitive, vous vous ouvrez à la compréhension et à la guidance divine. Pratiquez le silence intérieur et l'écoute attentive, faites confiance à vos sentiments et soyez ouvert aux messages subtils qui surgissent dans votre conscience. Plus vous ferez confiance à votre intuition et agirez en fonction de ses conseils, plus votre connexion avec la sagesse cosmique sera profonde.

Pratiques de connexion énergétique : l'énergie est le véhicule que la sagesse cosmique utilise pour circuler. Des pratiques telles que la canalisation de l'énergie, la visualisation créative et la guérison énergétique ouvrent des canaux de communication avec la sagesse cosmique. En cultivant une connexion consciente avec l'énergie universelle, vous accédez à des informations et à des idées qui transcendent les limites de l'esprit rationnel.

Cultiver l'humilité et le détachement : la sagesse cosmique ne peut pas être capturée ou contrôlée par l'esprit égoïque. Il est important de cultiver l'humilité et le détachement au cours de votre voyage spirituel. Soyez ouvert à la reconnaissance du fait qu'il y a beaucoup plus à apprendre et à comprendre que ce que vous savez actuellement. Autorisez-vous à abandonner les croyances limitatives et les idées préconçues, en laissant la place à la sagesse cosmique pour qu'elle circule à travers vous.

En approfondissant votre connexion avec la sagesse cosmique, vous vous alignez sur l'immensité de l'univers et devenez un canal d'expression divine. Rappelez-vous que la sagesse cosmique n'est pas un but à atteindre, mais un voyage continu de découverte et d'expansion. Embrassez ce voyage avec gratitude et ouverture, en ayant confiance que la sagesse cosmique guidera votre chemin vers l'illumination et l'épanouissement.

15
Méditation du vaisseau cosmique

La méditation du vaisseau cosmique est une pratique puissante qui vous permet de faire l'expérience de l'énergie et de la conscience des êtres de lumière d'une manière profonde et transformatrice. Cette méditation vous transporte sur le vaisseau cosmique, où vous vous connectez avec les êtres de lumière en accédant à leurs fréquences d'amour, de guérison et de sagesse. Explorons les étapes de cette méditation, en connaissant les bénéfices qu'elle apporte à votre cheminement spirituel.

Avant de commencer la méditation, trouvez un espace calme où vous pouvez vous asseoir confortablement. Éteignez vos appareils électroniques et prenez le temps de vous détendre et de vous préparer à cette expérience unique.

Commencez par respirer profondément et laissez votre corps se détendre. Concentrez-vous sur l'évacuation de toute tension ou inquiétude que vous pourriez avoir. Visualisez-vous entouré d'une lumière protectrice et aimante qui vous enveloppe complètement.

Fixez clairement votre intention de vous connecter aux êtres de lumière pour recevoir conseils, guérison et sagesse. Ouvrez votre cœur pour recevoir les énergies aimantes et bienveillantes qui seront à votre disposition pendant cette méditation.

Visualisez-vous en train d'entrer dans un vaisseau brillant et lumineux. Observez les détails du vaisseau, tels que les couleurs, les formes et l'atmosphère sereine, en vous enveloppant de cette énergie de paix et d'élévation.

En vous déplaçant dans le vaisseau, vous rencontrerez des êtres de lumière. Ils peuvent se présenter comme des êtres de lumière brillants, avec une énergie aimante et accueillante. Sentez leur présence autour de vous et permettez à leur énergie d'entrer en résonance avec vous.

Dans cet espace sacré du vaisseau, vous pouvez initier une communication télépathique avec les Etres de Lumière. Posez des questions, partagez vos préoccupations, ouvrez-vous pour recevoir leurs réponses et leurs conseils. Sentez-vous enveloppé par leur sagesse cosmique et leur amour inconditionnel.

Permettez à l'énergie des Etres de Lumière de vous traverser, en apportant guérison et transformation à tout aspect de votre vie pour lequel vous avez besoin d'aide. Sentez cette énergie élevée pénétrer votre être, dissoudre les blocages, apporter l'équilibre et l'harmonie.

À la fin de la méditation, remerciez les êtres de lumière pour leur présence et leurs conseils. Sentez-vous reconnaissant d'avoir eu l'occasion de vous connecter à leur énergie et à leur sagesse. Ramenez lentement votre conscience dans votre corps physique, en vous sentant ancré et en paix.

La méditation du Vaisseau cosmique est une expérience personnelle et unique. En la pratiquant régulièrement, vous remarquerez une plus grande clarté mentale, un sentiment de paix intérieure et une plus grande connexion avec la sagesse cosmique. Permettez-vous d'explorer cette pratique et laissez-la guider votre voyage de croissance spirituelle.

16
Intégrer la méditation dans la vie quotidienne

La pratique de la méditation est un outil puissant pour cultiver la paix intérieure, la clarté mentale et la connexion spirituelle. Cependant, vous êtes souvent confronté à la difficulté d'intégrer cette pratique dans votre vie quotidienne bien remplie. Vous allez maintenant apprendre des stratégies et des conseils pour intégrer la méditation de manière pratique et significative dans votre vie quotidienne, ce qui vous permettra de récolter les bénéfices de cette pratique transformatrice dans tous les aspects de votre vie.

Établir une routine de méditation.

L'un des moyens les plus efficaces d'intégrer la méditation dans la vie de tous les jours est d'établir une routine. Réservez un moment précis de la journée pour vous asseoir et méditer. Ce peut être le matin, avant de commencer vos activités, ou le soir, avant de vous endormir. Choisissez le moment qui vous convient le mieux et engagez-vous à le respecter régulièrement. Cela permet de créer une habitude et de faire de la méditation un élément naturel de votre routine.

Si vous manquez de temps, commencez par de courtes séances de méditation. Même quelques minutes de méditation en pleine conscience peuvent faire une différence significative pour votre bien-être. Prenez de courtes pauses au cours de la journée, par exemple au travail ou avant un repas, pour fermer les yeux, respirer profondément et vous connecter au moment présent. Ces moments de pause consciente calment l'esprit et apportent de la clarté au milieu du chaos quotidien.

Trouvez des espaces calmes.

Bien que l'idéal soit d'avoir un espace dédié à la méditation, ce n'est pas toujours possible. Cependant, vous pouvez trouver des espaces calmes chez vous ou au travail où vous pouvez vous retirer pour quelques instants de méditation. Il peut s'agir d'un coin de votre chambre, d'un parc voisin ou même d'une salle de bain tranquille. L'important est de trouver un endroit où vous vous sentez à l'aise et où vous pouvez vous concentrer.

Pratiquez la méditation en mouvement.

La méditation ne consiste pas uniquement à s'asseoir en silence. Vous pouvez intégrer la méditation dans vos activités quotidiennes, en les transformant en moments de pleine conscience. Par exemple, lorsque vous marchez, prêtez attention aux sensations de votre corps, aux textures sous vos pieds ou à votre respiration. Lorsque vous prenez une douche, sentez l'eau toucher votre peau et concentrez-vous sur la relaxation de votre corps. Lorsque vous mangez, savourez la nourriture en prêtant attention aux saveurs et aux textures. Ces pratiques de méditation en mouvement permettent d'intégrer la pleine conscience à toutes les activités quotidiennes.

Il arrive que l'on oublie de méditer lorsqu'on est accaparé par des tâches quotidiennes. Utilisez des rappels visuels, comme un rappel sur votre téléphone portable ou une note placée dans un endroit visible. En outre, il existe de nombreuses applications de méditation qui envoient des notifications et proposent différentes pratiques guidées. Ces ressources sont utiles pour maintenir une pratique régulière et constante.

Un autre excellent moyen d'intégrer la méditation dans la vie de tous les jours est de partager la pratique avec d'autres personnes. Cela peut se faire en rejoignant des groupes de méditation locaux ou même en ligne, où vous pouvez entrer en contact avec d'autres pratiquants et partager vos expériences. En outre, le fait d'avoir un partenaire de responsabilisation ou un ami avec qui vous pouvez partager vos objectifs de méditation aide à maintenir l'engagement et la motivation. En partageant votre parcours de méditation, vous créez un sentiment de communauté et de soutien mutuel.

La méditation est une pratique ancienne qui offre de nombreux avantages pour le corps, l'âme et l'esprit. L'intégration de la méditation dans la vie quotidienne entraîne des transformations positives dans tous les aspects de la vie.

L'un des avantages les plus notables de la méditation est sa capacité à réduire les niveaux de stress et d'anxiété. En consacrant du temps à la méditation quotidienne, vous calmez votre esprit et réduisez l'activation du système nerveux sympathique, responsable de la réponse au stress. Cela permet de mieux faire face aux situations difficiles et d'accroître la résilience émotionnelle.

La méditation consiste à entraîner l'esprit à se concentrer sur un seul objet ou une seule pensée, comme la respiration. Cette pratique constante de la concentration renforce la capacité d'attention et accroît la clarté mentale. En conséquence, vous devenez plus efficace dans vos activités quotidiennes, vous prenez des décisions avec plus de discernement et vous améliorez votre productivité.

En méditant régulièrement, vous développez une plus grande conscience de vos émotions et de vos schémas de pensée. Cela permet d'identifier et de gérer les émotions négatives d'une manière saine, ce qui conduit à une plus grande stabilité émotionnelle et à un bien-être psychologique général.

De nombreuses personnes éprouvent des difficultés à se détendre et à déconnecter leur esprit avant de s'endormir. La méditation s'est avérée efficace pour favoriser la relaxation et réduire l'insomnie. La pratique de la méditation avant le coucher prépare le corps et l'esprit à un sommeil paisible et réparateur.

En apaisant l'esprit par la méditation, vous permettez à la créativité de s'épanouir et à l'intuition de devenir plus accessible. Les idées novatrices et la perspicacité ont plus de place pour émerger lorsque l'esprit est libéré des pensées et des soucis incessants.

Des études ont montré que la méditation est associée à des bienfaits physiques, tels que la réduction de la tension artérielle et du risque de maladie cardiovasculaire. En outre, la méditation renforce le système immunitaire, rendant le corps plus résistant aux maladies.

La méditation ne présente pas que des avantages individuels ; elle peut également avoir un effet positif sur les relations interpersonnelles. En développant la capacité de se connecter à soi-même grâce à la méditation, on devient capable de se comprendre et de mieux se comporter avec les autres, cultivant ainsi l'empathie et la compassion.

La méditation est un voyage d'exploration de soi. En la pratiquant régulièrement, vous devenez plus conscient de vos pensées, de vos émotions et de votre comportement. Cette conscience de soi vous permet d'identifier les schémas limitants et de travailler à les surmonter, ce qui favorise votre développement personnel.

En bref, l'intégration de la méditation dans la vie quotidienne apporte une série d'avantages tangibles, notamment une meilleure santé mentale et physique, une plus grande clarté d'esprit, un bien-être émotionnel et des relations plus harmonieuses dans la vie. En établissant une routine de méditation, en trouvant des espaces calmes ou en pratiquant la méditation en mouvement, vous bénéficiez de ces avantages dans votre vie quotidienne. Rappelez-vous que la méditation est un voyage permanent et qu'avec de la pratique et de la patience, vous en récolterez les fruits dans tous les domaines.

17
Le Soi supérieur

Dans la spiritualité cosmique, la compréhension du Soi supérieur joue un rôle fondamental. Le Soi Supérieur est considéré comme la partie la plus élevée de la conscience, connectée à la Source Divine et à la sagesse cosmique. Découvrons l'importance et les aspects du Soi supérieur dans la spiritualité cosmique, ainsi que quelques pratiques pour se connecter et s'aligner avec cette partie essentielle de votre être.

Du point de vue cosmique, le Soi supérieur est l'expression la plus authentique de qui vous êtes vraiment. C'est la connexion avec votre nature divine et avec la conscience cosmique. Le Soi Supérieur est pur amour, sagesse et compassion, et a une vision élargie de l'existence au-delà des limitations de l'ego. C'est la partie de vous qui transcende les illusions de la séparation et reconnaît l'unité de toute la création. Comprendre et accéder au Soi supérieur est essentiel pour le voyage spirituel et l'évolution personnelle.

L'une des principales pratiques de la spiritualité cosmique consiste à apprendre à reconnaître et à écouter la voix du Soi supérieur. Il communique par le biais d'intuitions, de synchronicités et de sentiments exacerbés. Il s'agit soit d'une voix douce et aimante qui vous guide vers le but de votre vie et vous aide à prendre des décisions en accord avec votre véritable essence, soit d'un avertissement de quelque chose d'imminent. Qui n'a jamais eu un sentiment fort qui s'est manifesté plus tard ? La réponse à cette question montre la présence du Soi supérieur.

Une autre façon de percevoir la forme d'intelligence séparée de votre conscience physique est de vous demander si vous pouvez choisir qui vous aimez, si vous pouvez choisir le plat que vous préférez, ou si vous pouvez décider de ce qui vous effraie ou non. Les réponses à ces questions simples indiquent qu'une autre forme de conscience est à l'œuvre en vous, une conscience plus subtile et intuitive, une voix qui dicte des modèles de comportement qui ne sont pas subordonnés à votre conscience physique.

Mais vous pouvez affiner votre contact avec cette voix. Pour y accéder, vous devez cultiver le calme intérieur par la méditation, la réflexion et le silence, afin de permettre à la sagesse du Soi supérieur de se manifester dans votre conscience.

La compréhension du Soi supérieur ne se limite pas à des moments de méditation ou à des pratiques spirituelles spécifiques. Il est essentiel d'intégrer la conscience du Soi supérieur dans tous les aspects de la vie. Cela signifie vivre en accord avec des valeurs supérieures, agir avec amour et compassion, cultiver la gratitude et rechercher la vérité dans toutes les situations. Lorsque vous prenez conscience de la présence du Soi supérieur dans chacune de vos pensées, paroles et actions, vous commencez à vivre une vie plus authentique, plus significative et plus épanouissante.

Pratiques de connexion avec le Soi supérieur.

La spiritualité cosmique comporte diverses pratiques qui vous aident à vous connecter et à renforcer votre lien avec le Soi supérieur. En voici quelques-unes :

La méditation :

Réservez du temps chaque jour pour aller à l'intérieur, calmer votre esprit et vous ouvrir à la présence du Soi supérieur.

L'auto-questionnement :

Posez des questions profondes et réfléchies sur votre vie, votre but et votre évolution spirituelle, en laissant les réponses venir du Soi supérieur.

Visualisation créative :

Utilisez la visualisation pour vous connecter à la sagesse et aux conseils du Soi supérieur, en créant des images mentales qui représentent votre connexion et votre alignement.

Pratiques d'amour et de gratitude :

Cultivez un cœur ouvert, pratiquez des actes de gentillesse et de gratitude dans votre vie quotidienne, en reconnaissant le Soi Supérieur comme la source de tout amour et de toute abondance.

Au fur et à mesure que vous progressez dans votre compréhension du Soi supérieur, vous êtes en mesure de vivre avec plus de clarté, d'authenticité et de raison d'être. Reconnaissez que vous êtes un être multidimensionnel directement connecté au divin. L'intégration du Soi supérieur dans votre cheminement spirituel conduit à l'expansion de la conscience et à la manifestation de votre véritable essence dans le monde.

18
Techniques de communication

Dans la spiritualité cosmique, la communication avec le Soi supérieur est une pratique essentielle pour rechercher la guidance, la clarté et la sagesse sur le chemin spirituel. Voici quelques techniques puissantes pour se connecter et établir un dialogue conscient avec votre Soi supérieur. Ces techniques facilitent la prise de décision, le développement personnel et l'alignement avec votre véritable essence.

La méditation est un outil puissant pour établir une connexion profonde avec le Soi supérieur, comme décrit dans les pages précédentes.

L'écriture automatique est la technique par laquelle vous permettez à votre Soi supérieur de se manifester par l'écriture. Prenez un carnet et un stylo et commencez à écrire librement, sans jugement ni censure. Laissez les mots couler librement, en permettant à votre Moi supérieur de s'exprimer. Vous pouvez commencer par poser une question ou simplement demander conseil, puis laisser les mots couler naturellement. Cette pratique peut s'avérer surprenante et révélatrice, apportant des idées profondes et des réponses à vos questions. Les techniques pour développer l'écriture automatique sont décrites dans les pages précédentes.

Une autre façon de communiquer avec votre Soi supérieur consiste à établir un dialogue interne conscient. Prenez un moment de calme et établissez un dialogue mental avec votre Soi supérieur. Posez des questions et écoutez les réponses intuitives qui surgissent dans votre conscience. Rappelez-vous que le Soi supérieur parle avec amour et compassion, alors soyez ouvert à recevoir des réponses qui diffèrent de vos attentes. N'ayez pas peur, si vous videz votre esprit et calmez votre conscience, vous entendrez clairement la voix de votre Soi supérieur. N'avez-vous jamais entendu une voix dont vous ne savez pas d'où elle vient ? N'avez-vous jamais entendu votre nom appelé en entrant ou en sortant d'un état de vigilance avant ou après le sommeil ?

Le Soi supérieur communique souvent par le biais de signes ou de synchronicités.

Les synchronicités sont des événements significatifs et apparemment coïncidents qui se produisent dans la vie et qui indiquent un lien entre le monde extérieur et notre Soi supérieur. Soyez attentif aux schémas répétitifs, aux rencontres inattendues, aux messages dans les rêves ou à tout événement qui semble significatif ou symbolique. Ces signes peuvent être interprétés comme des réponses ou des confirmations de votre Moi supérieur. Restez ouvert et réceptif aux signes qui vous parviennent et faites confiance à votre intuition pour les interpréter.

L'expression créative est également un moyen puissant de communiquer avec le Soi supérieur. La danse, la musique, la peinture ou toute autre forme d'art qui résonne en vous ouvre des canaux de communication subtile. Permettez-vous de vous immerger dans ces activités dans un esprit d'abandon et de connexion avec le divin. Remarquez comment l'expression créative libère les blocages, élève votre vibration et permet à votre véritable essence de se manifester.

Rappelez-vous que la communication avec le Soi supérieur est une pratique permanente et qu'elle varie d'une personne à l'autre. Expérimentez ces techniques et découvrez celles qui résonnent le mieux en vous. Cultivez la confiance en votre capacité à vous connecter au divin et soyez ouvert à recevoir les conseils et la sagesse de votre Soi supérieur. En approfondissant votre connexion, vous serez guidé vers une vie plus authentique, plus significative et plus en phase avec votre objectif spirituel.

19
Canalisation et messages

Dans la spiritualité cosmique, la canalisation est une autre pratique qui vous permet de recevoir des messages et des conseils des êtres de lumière. Grâce au channelling, vous accédez à des informations de haut niveau, à des perspectives profondes et à des points de vue cosmiques qui vous aident dans votre cheminement spirituel et votre évolution personnelle.

Avant de commencer le processus de canalisation, il est important de créer un environnement paisible et sacré. Trouvez un endroit où vous vous sentez à l'aise et à l'abri des distractions.

Faites une courte méditation pour vous centrer et élever votre vibration.

Visualisez-vous entouré d'une lumière protectrice et aimante et demandez la présence et la guidance des êtres de lumière dans votre travail de canalisation. Pour faciliter la canalisation, connectez-vous à l'énergie cosmique. Cela peut se faire par la visualisation et l'intention.

Imaginez-vous entouré d'une lumière bleutée, semblable à la couleur de l'étoile Arcturus. Sentez cette énergie pénétrer votre être et vous connecter à la sagesse et à l'amour des êtres de lumière. En vous ouvrant à cette énergie, permettez-lui de circuler librement à travers vous et préparez-vous à recevoir des messages.

Une fois que vous avez établi une connexion avec l'énergie cosmique, il est temps de vous ouvrir à la canalisation. Cela peut se faire de différentes manières, en fonction de vos préférences et de vos capacités. Certaines personnes préfèrent écrire les messages pendant qu'elles canalisent, d'autres préfèrent enregistrer leur voix ou même canaliser verbalement. Trouvez l'approche qui vous convient le mieux.

Si vous optez pour la canalisation écrite, ayez un carnet ou un ordinateur à portée de main. Commencez par écrire une salutation aux Êtres de Lumière, en exprimant votre intention de recevoir des messages. Laissez ensuite les mots circuler librement, sans jugement ni censure. Laissez votre main ou vos doigts se déplacer intuitivement, en capturant les messages qui sont transmis. Faites confiance au processus et ne vous souciez pas de la cohérence ou de la grammaire. La clarté et la cohésion peuvent être améliorées ultérieurement.

Si vous préférez la canalisation verbale, trouvez un endroit calme où vous pouvez parler à haute voix sans être interrompu. Commencez le processus en fixant votre intention et en invitant les Etres de Lumière à partager leurs messages à travers vous. Commencez à parler librement, en laissant les mots couler intuitivement. Vous sentirez peut-être un changement dans votre voix, votre ton ou même votre langage et la façon dont vous vous exprimez. Faites confiance à la sagesse qui vous est transmise. Il est recommandé d'enregistrer la canalisation, car certaines personnes parviennent à une connexion plus profonde et entrent en transe, oubliant par la suite ce qui a été dit.

Une fois que vous avez canalisé les messages des êtres de lumière, il est temps de les interpréter. Lisez ou écoutez attentivement ce qui a été transmis et permettez-vous de ressentir l'essence des mots. Notez les idées, les conseils ou les enseignements qui ont été partagés. Faites confiance à votre intuition et à la connexion que vous avez établie avec les Êtres de Lumière. Rappelez-vous que les messages peuvent prendre la forme de symboles, de métaphores ou d'images, et que votre interprétation personnelle est précieuse.

Les messages canalisés des Etres de Lumière sont destinés à vous aider dans votre cheminement spirituel et dans votre évolution personnelle. Réfléchissez à la manière dont vous pouvez appliquer ces messages dans la vie de tous les jours. Réfléchissez aux idées que vous avez reçues et à la manière dont elles peuvent vous aider à vous développer personnellement, à élargir votre conscience et à vivre avec plus d'amour, de compassion et de sagesse. Essayez d'intégrer ces conseils dans vos pratiques de méditation, dans le développement de vos capacités psychiques ou dans votre relation avec votre Moi Supérieur.

La canalisation et la réception de messages d'êtres de lumière est une merveilleuse façon d'élargir votre connexion avec le cosmos et de recevoir des conseils spirituels précieux. N'oubliez pas d'aborder cette pratique avec humilité, amour et respect, tout en gardant l'intention de servir le bien le plus élevé. Au fur et à mesure que vous améliorez votre capacité à canaliser, votre connexion avec les Etres de Lumière se renforce, vous apportant un flux continu de sagesse et d'illumination.

20
Guidance spirituelle et croissance personnelle

Sur le chemin spirituel, la recherche de conseils est un élément fondamental de la croissance personnelle. La guidance spirituelle aide à trouver la clarté, un but et une direction dans la vie, ainsi qu'à approfondir la connexion avec la spiritualité et le divin.

La première étape de la recherche d'un accompagnement spirituel est cruciale dans le voyage de découverte de soi et de développement personnel. C'est le moment où l'on reconnaît la nécessité de regarder au-delà de soi et de chercher des réponses et une direction au-delà de ce qui est immédiatement visible. Cette reconnaissance se produit souvent lorsque vous vous sentez perdu, confus ou mal aligné sur votre but et votre chemin de vie.

Lorsque vous vous sentez perdu ou désorienté, c'est comme si vous étiez dans un labyrinthe, incapable de trouver votre chemin tout seul. À ce stade, il est important d'avoir l'humilité d'admettre que vous avez besoin d'aide et que vous ne pouvez pas toujours résoudre tous vos problèmes par vous-même. La recherche d'un accompagnement spirituel est une preuve d'ouverture à la compréhension et à la sagesse extérieure, que ce soit par l'intermédiaire d'un guide spirituel, d'un mentor, d'une pratique religieuse ou même en se connectant à la nature et à l'énergie de l'univers. La recherche d'un accompagnement spirituel génère en soi un changement d'état d'esprit, ouvrant l'âme à la réception d'énergies d'aide subtiles.

Lorsque vous vous autorisez à rechercher un accompagnement spirituel, vous faites un pas important vers une meilleure compréhension de vous-même et de votre but dans la vie. La guidance spirituelle vous aide à voir au-delà des couches superficielles de l'existence ; il s'agit d'une connexion avec l'essence la plus profonde de votre être.

Au cours de ce processus de recherche, il est courant de se poser des questions fondamentales sur qui vous êtes vraiment, sur le sens de votre existence et sur la manière dont vous pourriez vivre de manière plus authentique et plus conforme à vos valeurs et à vos aspirations. L'accompagnement spirituel aide à trouver des réponses, en éclairant le chemin à parcourir.

La recherche d'un accompagnement spirituel peut prendre différentes formes, en fonction des croyances et des valeurs de chacun. Certaines personnes trouveront l'inspiration dans des pratiques religieuses, tandis que d'autres préféreront se connecter à la nature, méditer ou rechercher la connaissance et la sagesse dans des livres et des enseignements spirituels. Quelle que soit la voie choisie, l'accompagnement spirituel offre un soutien précieux sur le chemin de la découverte de soi et de l'épanouissement. Elle vous aide à développer une connexion profonde avec vous-même, avec les autres êtres et avec l'univers dans son ensemble. Dans les moments difficiles, l'accompagnement spirituel vous donne la force d'affronter les défis avec plus de courage et de sagesse.

Dans la spiritualité cosmique, il existe plusieurs sources d'accompagnement spirituel. Vous pouvez solliciter la sagesse des êtres de lumière par le biais de la canalisation, comme nous l'avons déjà mentionné. En outre, il existe d'autres formes de guidance que vous pouvez explorer, telles que les mentors spirituels, les guides spirituels, les livres sacrés et les pratiques méditatives. Même votre Moi supérieur peut être une source puissante de connaissances et de conseils.

Chacune de ces sources d'orientation apporte une perspective unique et précieuse qui peut contribuer à votre développement spirituel. Il est important de souligner que la spiritualité cosmique respecte toutes les formes de foi, quelles qu'elles soient. En faisant référence à des mentors ou à des guides spirituels, l'idée est que vous pouvez adapter ces concepts à votre propre compréhension de la spiritualité.

Dans ce contexte, approfondissons un peu les sources d'accompagnement spirituel liées aux Etres de Lumière.

L'intuition.

Dans la spiritualité cosmique, l'intuition occupe une place centrale en tant qu'outil puissant pour recevoir une guidance spirituelle. Elle permet de dépasser les limites de l'esprit rationnel, en accédant à des informations et à des idées qui vont au-delà de ce que l'on peut percevoir avec les sens physiques. L'intuition est un pont qui vous relie à la sagesse divine et vous guide vers des choix et des décisions en accord avec votre chemin spirituel.

Développer et cultiver son intuition est une compétence précieuse que l'on peut affiner. C'est comme accorder un instrument pour capter les vibrations subtiles de l'univers et entendre sa mélodie cachée. En vous exerçant, vous pouvez affiner votre intuition pour qu'elle devienne une boussole fiable sur votre chemin spirituel.

Contrairement à l'esprit rationnel (qui se base sur des données et des informations passées), l'intuition opère dans le présent, en se connectant à l'énergie et à la vérité sous-jacentes dans une situation donnée. Elle est capable de percevoir des nuances et des détails qui échappent à l'esprit conscient, ce qui vous permet de prendre de meilleures décisions en accord avec votre moi profond.

Il est essentiel de faire confiance à son intuition pour recevoir des conseils clairs et authentiques. Cependant, vous pouvez souvent être influencé par des doutes et des insécurités qui obscurcissent la clarté de votre intuition. La pratique de la connaissance de soi et de la méditation calme l'esprit et élimine les interférences qui vous empêchent d'entendre la voix intérieure.

Dans la spiritualité cosmique, l'intuition est considérée comme une communication directe avec le plan supérieur. Grâce à elle, vous recevez des idées et des messages d'êtres spirituels qui vous guident et vous soutiennent sur votre chemin de croissance personnelle. C'est comme si vous vous branchiez sur une station de radio cosmique, captant des transmissions conçues pour vous aider sur votre chemin d'évolution.

En outre, l'intuition est également capable de vous alerter en cas de situation dangereuse ou de vous guider vers des opportunités qui pourraient passer inaperçues aux yeux de l'esprit conscient. C'est une voix intérieure que vous ne devez pas ignorer, car elle offre souvent une vision plus profonde et plus complète des circonstances auxquelles vous êtes confronté.

Toutefois, il est important de se rappeler que l'intuition n'est pas infaillible. Elle peut être influencée par les émotions et les désirs personnels, et il est essentiel de la combiner avec le discernement et le bon sens. L'utilisation de l'intuition en conjonction avec l'esprit rationnel permet une approche équilibrée et complète de vos décisions et de vos choix.

Pratiques de connexion et d'ouverture.

Recevoir des conseils spirituels de manière efficace requiert un état d'ouverture et de réceptivité. Pour cultiver cette ouverture, vous pouvez incorporer dans votre vie quotidienne des pratiques spécifiques qui vous aideront à vous connecter à la spiritualité, en créant un espace pour recevoir des idées et des conseils du plan spirituel. Parmi ces pratiques figurent la méditation, la contemplation, la prière et les rituels sacrés, chacune jouant un rôle important dans le renforcement du lien spirituel.

La méditation.

La méditation (expliquée dans les pages précédentes) est l'une des pratiques les plus puissantes pour atteindre la connexion intérieure et l'ouverture spirituelle. En faisant taire l'esprit et en se tournant vers le moment présent, on ouvre un espace pour accéder à des niveaux de conscience plus profonds. La méditation permet de faire taire les bruits de l'esprit, de relâcher les tensions et les inquiétudes et d'être réceptif aux idées et aux messages de l'univers. Elle vous aide à vous mettre au diapason de votre intuition et à établir une connexion plus profonde avec votre essence spirituelle.

Outre la méditation, la contemplation est une autre pratique précieuse pour l'ouverture spirituelle. En prenant le temps de réfléchir aux questions essentielles de la vie, vous pouvez vous connecter à des valeurs et des objectifs plus profonds. Grâce à la contemplation, vous pouvez clarifier vos aspirations et vos défis, et comprendre comment ils s'inscrivent dans votre cheminement spirituel. Ce type d'examen de conscience vous rend plus réceptif aux conseils qui peuvent vous guider sur votre chemin.

La prière.

La prière est une pratique spirituelle extrêmement importante et significative, car c'est l'un des moyens d'établir une communication directe avec le plan spirituel. En adressant vos prières et vos intentions à une puissance supérieure, qu'il s'agisse d'une divinité, d'un guide spirituel ou de l'univers lui-même, vous ouvrez une ligne de connexion qui transcende le plan matériel et vous relie à quelque chose de plus grand que vous.

Par la prière, vous pouvez exprimer vos désirs, votre gratitude et vos besoins les plus profonds. C'est une façon de parler au divin, de partager vos soucis et vos espoirs, vos joies et vos peines. La prière vous permet d'être authentique, car il n'y a pas de jugement ni de limites aux sentiments et aux mots. C'est un espace sacré où vous pouvez vous exprimer pleinement, en sachant que vous êtes entendu et compris.

La prière offre également la possibilité d'une écoute intérieure. En ouvrant votre cœur et votre esprit par la prière, vous créez un espace pour recevoir des réponses et des conseils. Ces réponses peuvent se manifester de différentes manières, que ce soit par des signes, des synchronicités ou des intuitions envoyées par le plan spirituel.

Les signes peuvent se manifester de manière subtile, comme des événements inattendus qui semblent liés à vos prières, ou même sous des formes plus évidentes, comme une rencontre avec quelqu'un qui offre un message significatif. Les synchronicités sont des événements coïncidents qui semblent avoir une signification particulière et qui vous aident à réaliser que vous êtes aligné sur quelque chose de plus grand que vous. Les intuitions, quant à elles, sont des idées profondes ou des compréhensions qui naissent de votre propre intuition et de votre sagesse intérieure, et qui deviennent souvent plus accessibles après des moments de prière et de réflexion.

Grâce à la prière, vous pouvez également nourrir un sentiment de connexion et de but dans la vie. En vous reliant à quelque chose de plus grand et de plus élevé, vous éprouvez un sentiment d'appartenance à un ensemble plus vaste, le sentiment de faire partie d'un plan plus grand et plus significatif. Cela vous donne du réconfort et du courage, en particulier dans les moments difficiles.

Il est important de se rappeler que la prière va au-delà des mots. L'attitude d'un cœur ouvert et d'un esprit réceptif pendant la prière est fondamentale. La sincérité et la foi mises dans les prières renforcent le lien avec le plan spirituel, rendant l'expérience de la prière encore plus profonde et plus significative.

Rituels sacrés.

La profondeur et la signification des rituels sacrés dans la connexion spirituelle Les rituels sacrés jouent un rôle prépondérant dans la recherche d'une connexion spirituelle et ont été pratiqués dans diverses cultures et traditions tout au long de l'histoire. Bien qu'ils varient considérablement en fonction des croyances et des coutumes, ils ont tous en commun d'être des expressions symboliques de la connexion avec le sacré et le transcendant.

Dans leur essence, les rituels sont bien plus que de simples répétitions d'actions ou des cérémonies vides, ce sont des moyens d'exprimer la dévotion, la révérence dans la recherche d'une connexion avec des forces supérieures, des entités divines ou l'univers dans son ensemble. Les rituels sacrés permettent de transcender le plan matériel et d'entrer dans une dimension profonde et spirituelle de l'existence.

L'une des principales caractéristiques des rituels sacrés est leur capacité à élever la conscience. Ils créent un espace spécial, sacralisé, où vous vous connectez à des dimensions supérieures de votre propre spiritualité. En vous impliquant à chaque étape du rituel, que ce soit par des gestes, des paroles ou des symboles, vous ouvrez les portes à des états de conscience plus étendus. Ces moments vous permettent de transcender vos préoccupations quotidiennes en vous connectant à quelque chose qui va au-delà de l'éphémère, atteignant le cœur de ce qui est vraiment essentiel.

Une autre fonction importante des rituels sacrés est de créer une atmosphère propice à la réception de conseils spirituels. Grâce à eux, vous établissez un canal de communication avec le divin et vous vous mettez à l'écoute de la sagesse cosmique. Les rituels sont comme un pont entre le plan terrestre et le plan spirituel, vous permettant de vous rapprocher des mystères de l'existence tout en recevant des informations et des conseils précieux.

Les rituels sacrés ne doivent pas nécessairement être accomplis individuellement ; nombre d'entre eux sont pratiqués en communauté. L'expérience de la participation à des rituels avec d'autres personnes crée un sentiment d'appartenance et d'union avec quelque chose de plus grand que soi. Ce lien communautaire renforce l'expérience spirituelle et nous rappelle que tout le monde est interconnecté dans un voyage spirituel.

Il est essentiel d'adapter la pratique rituelle à la forme qui résonne le plus en vous. Certaines personnes préfèrent l'immobilité, la sérénité étant la manière dont elles s'identifient le plus à la spiritualité. D'autres, en revanche, bénéficient de l'énergie partagée lors de rituels collectifs, se sentant renforcés par le pouvoir de la communauté. La spiritualité cosmique valorise la diversité des approches et l'importance de trouver le chemin spirituel qui correspond le mieux aux préférences et aux besoins de chacun.

Les rituels sacrés englobent une grande variété de pratiques, depuis les rites de passage et les célébrations saisonnières jusqu'aux cérémonies de guérison et de purification. Le choix des rituels dépend des croyances et des traditions de chacun, et tout le monde peut trouver un sens et un but à ses propres pratiques rituelles.

Pratiques spirituelles :

La création d'une routine de pratiques spirituelles est un moyen puissant de nourrir la connexion intérieure en se connectant à l'essence la plus profonde de l'être. En consacrant du temps et de l'énergie à ces pratiques, vous ouvrez un espace pour recevoir des conseils et de l'inspiration sur votre chemin spirituel.

L'une des pratiques spirituelles qui peut enrichir votre routine est la tenue d'un journal spirituel. Écrire ses pensées, ses réflexions et ses expériences dans un journal permet de traiter les émotions et d'explorer les intuitions. En notant vos intuitions et en observant les schémas de votre vie, vous gagnez en clarté sur votre croissance personnelle et spirituelle.

Une autre pratique consiste à lire des textes spirituels inspirants. Les livres, articles ou poèmes qui abordent des thèmes profonds et significatifs inspirent une réflexion sur la vie, le but et l'existence. Ces lectures élargissent votre compréhension et vous mettent en contact avec des idées et des concepts qui résonnent avec votre être intérieur.

Le contact avec la nature est également une pratique spirituelle précieuse. En passant du temps à l'extérieur, que ce soit dans un parc, dans une forêt ou sur une plage, vous vous reconnectez à la beauté et à l'harmonie de la nature. Cette connexion vous aide à sentir que vous faites partie de quelque chose de plus grand, en vous rappelant l'interconnexion de toutes les choses.

Une autre pratique spirituelle qui peut être intégrée à votre routine est l'accomplissement d'actes de bonté. En tendant la main à une personne dans le besoin, vous cultivez l'amour et la compassion dans votre cœur. Ces actions altruistes vous relient à l'esprit de générosité et contribuent à créer une communauté plus unie et plus harmonieuse. Le don de sang est un excellent moyen de pratiquer cette bonté dans l'anonymat.

Le don de sang est considéré comme un acte de bonté et de générosité pour plusieurs raisons. En donnant du sang, vous contribuez directement à sauver des vies. Le sang donné est utilisé dans diverses situations, telles que les transfusions pour les patients subissant une intervention chirurgicale, un traitement médical, des accidents graves et pour les personnes souffrant de maladies nécessitant des transfusions régulières. Le don de sang est un geste altruiste, car on donne sans rien attendre en retour. C'est une façon d'aider des personnes que l'on ne connaît même pas, ce qui montre de l'empathie et de la compassion pour son prochain.

La gratitude est également une pratique spirituelle simple et puissante. En prenant un moment chaque jour pour exprimer votre gratitude pour les bienfaits de votre vie, vous vous concentrez sur ce qui est positif et abondant. Cette pratique apporte un sentiment de satisfaction et vous connecte à la source de joie qui est en vous.

En adoptant une routine qui inclut ces pratiques spirituelles, vous nourrissez votre être intérieur et créez un espace favorable pour recevoir des conseils et une croissance spirituelle. Ces pratiques vous rappelleront votre connexion au sacré et vous guideront vers la découverte de vous-même et l'expansion de votre conscience spirituelle.

En bref, les pratiques de connexion et d'ouverture sont fondamentales pour recevoir une guidance spirituelle efficace. Grâce à la méditation, à la contemplation, à la prière, aux rituels sacrés et aux autres pratiques évoquées ci-dessus, vous vous connectez à votre spiritualité, vous apaisez votre esprit et vous créez l'espace nécessaire pour recevoir des idées et des conseils du plan spirituel. Ces pratiques renforcent l'intuition et établissent une connexion profonde avec l'essence spirituelle, créant ainsi un environnement favorable pour recevoir les conseils que vous recherchez.

Lorsque l'on reçoit une guidance spirituelle, il est essentiel de faire preuve de discernement et d'authenticité. Tous les conseils ne sont pas appropriés et il est important d'évaluer s'ils résonnent vraiment avec votre essence et vos valeurs. Le discernement vous permet de distinguer ce qui est authentique et élevé de ce qui ne l'est pas, et vous devez faire confiance à votre intuition et à la sagesse de votre cœur lorsque vous évaluez les messages que vous recevez, en recherchant toujours la guidance qui mène au plus grand développement personnel et spirituel.

Rappelez-vous que la véritable guidance spirituelle ne consiste pas seulement à recevoir des idées et des conseils, mais aussi à les appliquer dans votre vie quotidienne. C'est par la pratique que l'on fait l'expérience de la croissance et de la transformation. Lorsque vous recevez une guidance spirituelle, il est important de réfléchir à la manière dont vous pouvez intégrer ces idées dans vos actions, vos relations et vos choix. La guidance spirituelle vous invite à vivre selon les valeurs et les principes de la spiritualité cosmique, en apportant la paix, l'amour et la sagesse au monde.

En recherchant une guidance spirituelle et en travaillant à votre développement personnel, vous faites de la place pour l'expansion de votre conscience et la manifestation de votre potentiel le plus élevé. La guidance vous guide vers votre véritable essence et vous soutient dans votre voyage spirituel. Rappelez-vous que la guidance spirituelle est un processus continu et que, lorsque vous vous ouvrez à la réception et à l'application de cette guidance dans votre vie, vous évoluez constamment et vous vous rapprochez de votre connexion avec le divin. De même, la pratique de la spiritualité peut être comparée à la nourriture quotidienne donnée à un enfant, qui le fait grandir chaque jour sous vos yeux, même si vous ne vous en rendez pas compte. Tout comme un enfant qui grandit chaque jour, votre connexion spirituelle se développe également progressivement, même si ce progrès n'est pas toujours immédiatement perceptible.

21
Co-création avec le Soi supérieur

La spiritualité cosmique vous reconnaît comme un être multidimensionnel qui a un lien direct avec le Soi supérieur, votre essence divine et éternelle. La co-création avec le Soi Supérieur est une pratique puissante qui vous permet de manifester votre véritable essence.

Comme expliqué précédemment, le Soi Supérieur est la partie la plus élevée et la plus sage de votre être, il est le lien direct avec le divin et a une compréhension large et profonde de votre voyage spirituel. Reconnaître le Soi Supérieur, c'est reconnaître que vous êtes plus qu'un simple être physique, c'est reconnaître qu'il y a en vous une sagesse divine et accessible. C'est une invitation à entrer en contact avec cette partie supérieure de vous-même et à établir une connexion consciente avec elle.

La co-création avec le Soi supérieur est un processus de collaboration entre votre personnalité terrestre et votre essence divine. C'est reconnaître que vous avez le pouvoir de manifester votre réalité et que vous pouvez le faire en alignement avec la volonté et la sagesse de votre Soi supérieur. La co-création implique de prendre conscience de ses pensées, de ses émotions et de ses actions, en cherchant toujours à s'aligner sur la vision et les objectifs supérieurs de son essence divine.

Pour cocréer avec le Soi supérieur, il est essentiel de cultiver un sens profond de l'alignement et de la confiance. Cela signifie être en harmonie avec des valeurs et des objectifs élevés, et agir en cohérence avec eux. Lorsque vous vous alignez sur votre Soi supérieur, vous êtes ouvert à la guidance et à l'inspiration divines. La confiance vous permet de suivre ces conseils, même si vous ne comprenez pas toujours parfaitement pourquoi. C'est croire que l'on est guidé vers le meilleur résultat possible.

Il existe diverses pratiques qui renforcent la connexion et la co-création avec le Soi supérieur. Tout comme la prière nous apprend à rechercher la paix, l'harmonie et le discernement en communiquant avec un Être supérieur, la spiritualité cosmique vous invite à vous connecter à votre essence divine et à utiliser des techniques d'affirmation de soi alignées sur la loi de l'attraction.

La méditation (expliquée dans les chapitres précédents) est un outil puissant pour faire taire le mental et l'accorder à la voix de votre essence divine. Pendant la méditation, vous pouvez diriger vos intentions et vos désirs vers l'univers, en utilisant la visualisation créative pour manifester vos rêves et vos souhaits.

Le dialogue conscient est un autre moyen de renforcer votre connexion avec le Soi supérieur. Vous pouvez poser des questions et réfléchir à vos intentions, en recherchant des idées et des conseils provenant de votre essence divine. Cette pratique vous permet d'établir une communication profonde avec l'univers afin de recevoir des réponses et des signes qui vous guideront sur votre chemin.

La pratique de la gratitude joue également un rôle fondamental dans la spiritualité cosmique. Exprimer de la gratitude pour ce que vous avez et ce que vous voulez attirer dans votre vie est un moyen puissant d'aligner votre énergie avec les forces de l'univers. En reconnaissant et en appréciant les bénédictions présentes dans votre vie, vous créez un état d'abondance et d'ouverture pour recevoir encore plus.

L'utilisation d'affirmations positives est également une technique précieuse pour cultiver l'état d'esprit de cocréation. En affirmant positivement vos intentions et vos désirs, vous reprogrammez votre subconscient tout en envoyant un message clair à l'univers sur ce que vous voulez manifester dans votre réalité.

Par conséquent, en incorporant ces pratiques dans votre cheminement spirituel, vous alignez les concepts présents dans la prière et la loi de l'attraction avec les enseignements de la spiritualité cosmique. En vous connectant à votre Soi supérieur, en exprimant votre gratitude, en utilisant la visualisation créative et les affirmations positives, vous cocréez consciemment votre réalité, en faisant de la place pour la manifestation de vos objectifs et de vos désirs les plus élevés.

En cocréant avec le Soi supérieur, il est important de s'entraîner à lâcher prise et à s'ouvrir aux opportunités et aux possibilités qui se présentent en cours de route. Cela implique de renoncer à des attentes rigides et de faire confiance à l'univers pour soutenir votre croissance. Parfois, ce que vous demandez peut se manifester différemment de ce que vous imaginez, mais ayez confiance que le résultat est idéal pour votre croissance et permettez à la magie de la co-création de s'opérer.

Bien que la co-création avec le Soi Supérieur soit un processus de collaboration, il est également important de se rappeler que vous êtes co-responsable de la manifestation de votre réalité. Assumer la responsabilité de vos choix, de vos pensées et de vos émotions vous permet d'être conscient et intentionnel dans la co-création. En outre, le maintien de l'intégrité personnelle, en agissant en accord avec les valeurs et les principes, renforce la connexion avec le Soi Supérieur et soutient la manifestation de vos désirs.

La co-création avec le Soi supérieur est une invitation à vivre une vie authentique, pleine de sens et d'objectifs. En vous connectant à votre essence divine et en appliquant les principes de la co-création à votre voyage, vous expérimentez un plus grand alignement avec votre véritable essence, manifestant la réalité qui reflète votre vision la plus élevée. Puisse cette pratique guider votre chemin vers votre potentiel illimité et la pleine expression de votre essence cosmique.

22
Principes énergétiques

Dans la spiritualité cosmique, il est nécessaire de réaliser que tout est énergie et que vous interagissez constamment avec le vaste champ énergétique qui vous entoure. Dans ce contexte, il est important d'explorer les principes énergétiques qui régissent l'existence et de décider consciemment comment travailler avec ces énergies pour promouvoir la guérison, l'équilibre et la croissance spirituelle.

Le premier principe énergétique fondamental consiste à reconnaître l'unité et l'interconnexion de toutes les choses. Du point de vue cosmique, il est entendu que tous les êtres et objets font partie d'une vaste toile d'énergie interconnectée. Cela signifie que vos actions et vos intentions ont le potentiel de vous affecter, mais aussi d'affecter le monde qui vous entoure. En honorant cette interconnexion, vous devenez un agent conscient de changement positif, favorisant l'harmonie et l'équilibre dans votre vie et dans celle de la planète.

Un autre principe important de la spiritualité cosmique est la compréhension du fait que tout ce qui existe dans l'univers a une vibration unique. Chaque pensée, émotion ou objet physique émet une certaine fréquence énergétique. En accordant votre vibration à un état de plus grand amour, de gratitude et de compassion, vous attirez et manifestez des expériences positives dans votre vie. C'est parce que vous êtes en résonance avec des énergies de plus grande harmonie et d'abondance. Conscient de ce principe, vous pouvez cultiver intentionnellement une vibration élevée et contribuer à la création d'un environnement énergétique plus sain.

La spiritualité cosmique est une approche qui s'appuie sur les croyances et les enseignements d'une civilisation particulière : les Arcturiens. Les Arcturiens sont des êtres évolués qui habitent l'étoile Arcturus. Ce sont des formes d'énergie conscientes qui résident dans une dimension supérieure, connue sous le nom de cinquième dimension.

Ce qui rend les Arcturiens si spéciaux, c'est qu'ils ont atteint un haut niveau d'évolution spirituelle, ce qui leur permet d'accéder à la « source de toutes choses », une force puissante et universelle que certaines religions appellent Dieu. Ils sont considérés comme les gardiens de la sagesse cosmique et sont dotés d'un lien profond avec l'énergie universelle qui imprègne l'univers.

Pour se faire une image mentale des Arcturiens Imaginez-les comme des êtres éthérés, pleins de lumière et de compréhension, qui transcendent les limites de l'espace et du temps. Leur conscience élevée leur permet de comprendre les vérités les plus profondes du cosmos.

Dans le cadre de la spiritualité cosmique, les Arcturiens sont considérés comme des guides spirituels et des mentors, aidant les autres formes de vie sur leur chemin de croissance et d'expansion de la conscience.

Bien que leur existence dépasse notre compréhension physique, les Arcturiens sont considérés comme une source d'inspiration et de sagesse, nous encourageant à rechercher l'évolution spirituelle et la connexion avec le divin sur notre propre chemin. Telle est l'essence de la spiritualité cosmique et de sa vision des êtres qui habitent l'étoile Arcturus.

De ce point de vue, la compréhension de la polarité est essentielle au développement spirituel et à l'avancement de la conscience. Selon la perspective cosmique, toutes les choses dans l'univers sont interconnectées, interdépendantes, et la polarité est un élément fondamental de cette interconnexion.

La polarité est la manifestation de dualités opposées qui coexistent en toutes choses. Un exemple classique est le concept du yin et du yang dans la philosophie chinoise, qui représente la dualité complémentaire de forces opposées, telles que la lumière et l'obscurité, le positif et le négatif, l'expansion et la contraction. Ces polarités ne sont pas seulement opposées, mais aussi complémentaires, s'équilibrant l'une l'autre. Dans la spiritualité cosmique, cette idée est appliquée plus largement pour englober tous les domaines de l'existence.

Pour atteindre un état de plus grande complétude et de croissance, la spiritualité cosmique encourage l'intégration et l'équilibre de ces polarités. Cela implique d'accepter à la fois la lumière et l'obscurité en vous, en réalisant qu'elles sont toutes deux des parties essentielles du tout. Cela signifie reconnaître l'importance d'équilibrer le masculin et le féminin, quel que soit le sexe, car ces deux aspects sont inhérents à chacun.

De plus, la spiritualité cosmique enseigne que la recherche de l'équilibre n'est pas seulement intérieure, mais qu'elle s'applique aussi aux relations avec le monde extérieur. Il s'agit de comprendre que chaque expérience vécue - qu'elle soit agréable ou difficile - a une raison d'être et offre des opportunités d'apprentissage et de croissance.

En travaillant à l'intégration de ces polarités à travers le prisme de la spiritualité cosmique, vous atteignez un état de plus grande harmonie, de paix intérieure et de conscience élargie. Ce chemin spirituel implique un voyage continu de découverte de soi, d'acceptation de soi et d'apprentissage dans le but d'être en accord avec le flux naturel de l'univers.

Bien que la spiritualité cosmique ne soit pas largement connue ou acceptée dans toutes les communautés spirituelles, pour ceux qui s'identifient à cette perspective, la compréhension de la polarité et la recherche de l'équilibre sont des outils précieux pour améliorer le voyage spirituel et se connecter à l'univers dans son ensemble.

Le principe de l'intention et de la concentration dans la spiritualité cosmique est une clé puissante pour libérer le potentiel créatif qui réside en vous. Cette approche souligne l'importance d'être proactif dans la direction de vos désirs et aspirations, en canalisant consciemment votre énergie pour créer la réalité à laquelle vous aspirez.

Par essence, l'intention est la boussole qui indique le chemin et façonne le voyage spirituel. Lorsque vous savez clairement ce que vous voulez manifester dans votre vie, vous êtes en phase avec l'essence de vos objectifs et de vos rêves. En définissant vos intentions de manière positive et significative, vous établissez une connexion profonde avec votre but intérieur, ce qui donne un sens plus élevé à tout ce que vous faites.

Cependant, l'intention seule ne suffit pas ; la concentration est tout aussi vitale. C'est grâce à la concentration que vous concentrez vos énergies et vos efforts dans la direction que vous avez choisie. Dans un monde plein de distractions et de stimuli extérieurs, le pouvoir de la concentration est véritablement transformateur. Lorsque vous vous laissez emporter par des pensées éparses ou des distractions superficielles, votre énergie se dissipe et la manifestation de vos désirs devient plus difficile.

La spiritualité cosmique vous guide pour cultiver la capacité à rester centré et aligné sur vos objectifs, quelles que soient les circonstances extérieures. En maintenant la clarté et la fermeté de votre intention, vous renforcez votre connexion avec le flux d'énergie universel, ce qui permet à vos créations de se développer avec une plus grande fluidité.

S'accorder avec le flux universel est un aspect fondamental de l'approche cosmique. En alignant votre énergie sur les vibrations supérieures de l'univers, une puissante synergie se crée qui amplifie vos intentions, créant un canal clair pour la manifestation de vos désirs les plus profonds.

Cependant, il est important de se rappeler que l'intention et la concentration doivent être combinées avec la confiance et l'abandon au processus créatif. Parfois, la réalité peut se manifester différemment de ce qui était prévu, mais le fait de croire au pouvoir de l'intention et d'être ouvert à de nouvelles possibilités vous permet de reconnaître le flux universel et d'embrasser les opportunités qui se présentent à vous.

L'essence de la guérison énergétique et de la transmutation dans la spiritualité cosmique est une invitation à plonger profondément dans votre propre essence, en explorant et en libérant les énergies qui affectent votre équilibre et votre bien-être. Votre voyage intérieur commence par la reconnaissance du fait que vos émotions, pensées et expériences passées laissent des empreintes énergétiques en vous.

Dans cette perspective, la transmutation est le processus de transformation et d'élévation de ces énergies denses vers des fréquences plus élevées et plus positives, permettant la guérison et l'équilibre à tous les niveaux. C'est la capacité de libérer les blocages et les schémas négatifs, en les remplaçant par des énergies plus élevées et en élevant les vibrations positives.

Les pratiques de guérison énergétique, largement appréciées par les Êtres de Lumière, sont des outils précieux dans le processus de libération et de transmutation. Examinons certaines d'entre elles du point de vue de la transmutation.

La méditation, par exemple, est un portail vers le calme intérieur, où vous vous connectez à votre essence la plus profonde. En vous laissant plonger dans les eaux calmes de votre esprit, vous identifiez et libérez les blocages énergétiques qui vous retiennent dans le passé ou qui perturbent votre paix actuelle.

La visualisation est une autre pratique transformatrice qui vous permet de créer des images mentales de guérison et de renouveau. En projetant votre esprit dans un scénario positif, en vous visualisant plein et équilibré, vous accélérez le processus de guérison et de transmutation. La visualisation est un allié puissant pour dissoudre les schémas énergétiques négatifs et les remplacer par des énergies élevées et positives.

La guérison et la transmutation énergétiques ne se limitent pas à la dimension individuelle ; elles ont également le pouvoir d'affecter votre connexion avec le monde qui vous entoure. En guérissant intérieurement, vous contribuez également à la guérison collective. Vos énergies transformées rayonnent au-delà de vous, touchant la vie de ceux qui vous entourent, contribuant à la création d'une vibration plus élevée dans votre environnement.

Le processus de guérison et de transmutation de l'énergie est continu et exige dévouement et compassion. Au fur et à mesure que vous avancerez dans votre voyage de guérison, vous découvrirez des couches profondes d'émotions et de croyances qui ont besoin d'attention et d'être libérées. Dans ce processus, il est essentiel d'être doux avec soi-même et de se permettre de ressentir et de libérer tout ce qui est nécessaire pour favoriser une guérison profonde et durable.

En adoptant le principe de la guérison énergétique et de la transmutation dans la spiritualité cosmique, vous êtes invité à devenir un gardien de votre propre énergie, travaillant avec diligence pour créer un état d'équilibre et d'harmonie dans tous les aspects de votre être. En vous ouvrant à la guérison, vous vous alignez sur votre véritable essence et devenez co-créateur d'une réalité plus lumineuse et plus aimante, à la fois pour vous-même et pour le monde qui vous entoure.

Une autre technique est celle du flux et de l'acceptation.

Le principe du flux et de l'acceptation vous apprend à vous laisser porter par les énergies de l'univers au lieu d'y résister. Il est important de reconnaître que la vie est un voyage en constante évolution et que tout n'est pas sous votre contrôle. En cultivant une attitude d'acceptation et d'ouverture, vous permettez à l'énergie de circuler librement dans votre vie, ce qui facilite la croissance, la transformation et la manifestation de votre potentiel le plus élevé.

En comprenant et en appliquant ces principes énergétiques à votre cheminement spirituel, vous élargissez votre conscience, vous approfondissez votre connexion avec le Soi supérieur et vous créez une réalité qui est alignée avec l'essence cosmique. L'énergie est un outil puissant que vous avez à votre disposition ; en l'utilisant avec sagesse, vous dévoilez les mystères de l'univers et vous éveillez votre potentiel illimité.

23
Exercices d'alignement énergétique

Vous allez maintenant explorer quelques exercices d'alignement énergétique pratiqués dans la spiritualité cosmique. Ces exercices visent à promouvoir l'équilibre, l'harmonie et l'expansion de la conscience, en vous permettant de vous mettre au diapason de l'énergie universelle et de vous connecter profondément à votre Moi supérieur. Voici quelques pratiques que vous pouvez intégrer à votre routine quotidienne pour renforcer et équilibrer votre champ énergétique.

Avant de se lancer dans des exercices d'alignement énergétique, il est important de connaître les chakras. Les chakras sont des centres énergétiques situés le long de la colonne vertébrale, chacun correspondant à différents aspects de la vie physique, émotionnelle, mentale et spirituelle. Découvrez brièvement chacun d'entre eux, son emplacement et la couleur qui lui correspond.

Chakra racine (Muladhara)

Situé à la base de la colonne vertébrale, dans la région du coccyx, ce chakra est associé à la survie, à la sécurité et au lien avec la terre. Sa couleur est le rouge.

Chakra sacré (Swadhisthana)

Situé sous le nombril, ce chakra est lié à la créativité, au plaisir et à l'expression émotionnelle. Sa couleur est l'orange.

Chakra du plexus solaire (Manipura)

Situé dans la région de l'estomac, ce chakra est lié au pouvoir personnel, à l'estime de soi et à la confiance en soi. Il est de couleur jaune.

Chakra du cœur (Anahata)

Situé au centre de la poitrine, ce chakra est associé à l'amour, à la compassion et à la connexion émotionnelle. Sa couleur est le vert.

Chakra de la gorge (Vishuddha)

Situé dans la gorge, ce chakra est lié à la communication, à l'expression et à la vérité. Sa couleur est le bleu ciel.

Chakra du troisième œil (Ajna)

Situé entre les sourcils, ce chakra est associé à l'intuition, à la sagesse et à la clarté mentale. Sa couleur est l'indigo (bleu marine).

Chakra de la couronne (Sahasrara)

Situé au sommet de la tête, ce chakra est lié à la connexion avec le divin, à la spiritualité et à l'expansion de la conscience. Il est de couleur violette ou blanche.

Méditation du centre énergétique.

La méditation sur les centres énergétiques est une pratique puissante pour se connecter à ces centres. Commencez par vous asseoir confortablement dans un endroit calme.

Fermez les yeux et concentrez-vous sur votre respiration. Ensuite, visualisez une lumière blanche ou dorée qui part du sommet de votre tête et se propage dans tout votre corps, pénétrant doucement dans chaque chakra, du chakra de la couronne au chakra de la racine.

Sentez la lumière vitaliser et équilibrer chaque centre énergétique au fur et à mesure qu'elle le traverse. Restez dans cette visualisation pendant quelques minutes, en vous autorisant à ressentir l'harmonie et l'intégration dans tout votre être.

Nettoyage énergétique avec la flamme violette.

La flamme violette est un outil de transmutation et de nettoyage énergétique largement utilisé dans la spiritualité cosmique. Cette pratique vise à libérer les énergies négatives, en les transmutant en lumière et en amour.

Asseyez-vous dans un espace calme et visualisez-vous entouré d'une flamme violette brillante.

Permettez à cette flamme de pénétrer votre champ d'énergie, en dissolvant les blocages, les pensées limitantes ou les émotions denses. Imaginez que la flamme violette transmute ces énergies en lumière et les libère dans l'univers. Sentez-vous de plus en plus léger, purifié et aligné avec l'énergie cosmique d'amour et de guérison.

Respiration consciente.

La respiration consciente est une autre pratique simple et puissante qui vous aide à vous accorder au moment présent et à votre propre énergie. Trouvez un endroit calme où vous pouvez vous asseoir confortablement.

Fermez les yeux et commencez à prêter attention à votre respiration.

Respirez profondément par le nez, en remplissant d'air votre abdomen et votre poitrine. Expirez ensuite lentement par la bouche, en relâchant toute tension ou inquiétude. Tout en continuant à respirer consciemment, permettez à votre respiration de devenir douce, fluide et rythmée.

Sentez comment l'énergie vitale circule en synchronisation avec votre respiration, nourrissant et équilibrant votre être. Vous pouvez imaginer que vous inspirez une fumée purifiante et que vous expirez une fumée plus dense, en sentant que chaque expiration est un processus de purification. Tandis que la fumée pure, qui représente les bonnes énergies, entre par l'aspiration et s'installe dans votre être, la fumée dense quitte votre corps et se dirige vers le vaste univers.

Visualisation créative.

La visualisation créative est une pratique puissante pour diriger consciemment l'énergie et manifester les désirs et les intentions.

Choisissez un objectif ou une intention que vous souhaitez manifester et créez une image vivante dans votre esprit.

Visualisez-vous en train de vivre cette réalité, en ressentant les émotions positives qui y sont associées. Pendant que vous visualisez, permettez à votre énergie de s'aligner sur la réalité souhaitée, en prenant de l'ampleur pour l'incarner pleinement.

Sentez-vous connecté à l'énergie cosmique de la sagesse, de l'amour et de la manifestation pendant que vous effectuez cette pratique. Ayez confiance en votre capacité à co-créer la réalité et permettez à l'énergie universelle de travailler en harmonie avec vous.

Bain d'énergie cosmique.

Un bain d'énergie cosmique est une pratique simple et relaxante qui vous permet d'absorber et d'intégrer les énergies de guérison et d'harmonie des êtres de lumière.

Remplissez une baignoire d'eau chaude et ajoutez quelques gouttes d'huile essentielle de lavande ou d'eucalyptus pour favoriser la relaxation.

En entrant dans le bain, imaginez-vous immergé dans une lumière blanche ou dorée qui baigne tout votre être.

Sentez l'énergie cosmique pénétrer profondément dans votre champ énergétique, vous nettoyer, vous guérir et vous renforcer. Laissez-vous aller à la détente et absorbez cette énergie aussi longtemps que vous le souhaitez, et sentez-vous rafraîchi et équilibré après le bain d'énergie.

Ces exercices d'alignement énergétique ne sont que quelques-unes des pratiques qui peuvent être intégrées à votre cheminement spirituel. En les pratiquant régulièrement, vous renforcez votre connexion avec votre Moi supérieur, vous élargissez votre conscience et vous favorisez l'équilibre et l'harmonie dans tous les aspects de votre vie.

24
Guérison et équilibre

Explorons l'incroyable capacité de guérison et d'équilibre qu'offrent les énergies dans la spiritualité cosmique. En élargissant votre conscience et en vous connectant aux énergies de l'univers, vous pouvez accéder à un puissant flux de guérison et de transformation. Il est temps d'explorer quelques pratiques et concepts liés à la guérison et à l'équilibre par le biais des énergies cosmiques.

Dans la spiritualité cosmique, toutes les formes de guérison trouvent leur origine dans la Source, la Source étant l'énergie primordiale de l'univers. En vous reconnaissant comme un être interconnecté à cette Source, vous faites de la place pour recevoir les énergies cosmiques de guérison et d'équilibre. Vous pouvez y parvenir par l'intention, la méditation et une connexion profonde avec votre propre essence divine. En reconnaissant la Source comme la source première de toute chose, vous devenez un canal pour les énergies de transformation.

Pour accéder aux énergies cosmiques de guérison et d'équilibre, il est important de se mettre à leur écoute. Vous pouvez y parvenir par la méditation, la visualisation et l'intention. Bien que le sujet de la « méditation » ait été abordé précédemment, il est important de le contextualiser du point de vue de la guérison, car cette pratique peut être utilisée pour aider les personnes qui ne connaissent pas les méthodes de guérison énergétique. Dans ces situations, vous êtes l'agent de guérison, celui qui porte l'amour et la solidarité, agissant selon les principes de la spiritualité cosmique.

Pour accéder aux énergies cosmiques de guérison et d'équilibre de manière spécifique et ciblée, il est possible d'adapter la visualisation en fonction de la maladie spécifique à laquelle la personne est confrontée. La visualisation est un outil puissant pour interagir avec l'énergie de guérison et la diriger vers les zones spécifiques du corps qui ont besoin d'attention.

En voici un exemple. Si vous ou une personne que vous devez aider est confrontée à une maladie, telle qu'une douleur chronique dans une partie du corps ou une affection spécifique, vous pouvez suivre ce processus de visualisation pendant la méditation.

Trouvez un endroit calme et confortable pour méditer.

Comme précédemment, fermez les yeux et commencez le processus de relaxation enseigné dans les pages précédentes.

Lorsque vous atteignez un état de relaxation, concentrez-vous sur la partie du corps affectée par la maladie. Visualisez cette partie du corps comme une sphère d'énergie, qui peut avoir une couleur spécifique, selon votre intuition.

Imaginez qu'une lumière cosmique dorée, rayonnante et curative, s'écoule de l'univers directement dans la paume de vos mains.

Placez vos mains sur la zone affectée, en visualisant la lumière dorée transférée à la sphère d'énergie qui représente la maladie.

Tout en maintenant vos mains sur la zone concernée, visualisez la lumière dorée enveloppant et pénétrant la sphère, dégageant de la chaleur et un sentiment de guérison et d'équilibre.

Restez dans cette visualisation, permettant à l'énergie cosmique de guérison d'agir sur la zone affectée, apportant soulagement, relaxation et un sentiment de renouveau.

Remerciez les énergies cosmiques pour la guérison et continuez à respirer profondément pour intégrer pleinement l'expérience.

Il est important de noter que la visualisation est une pratique personnelle qui peut varier d'une personne à l'autre. Le plus important est que vous vous sentiez connecté à l'énergie et confiant dans votre approche pour aider le processus de guérison d'une maladie spécifique.

La guérison par les rayons énergétiques est une pratique spirituelle profondément appréciée dans la spiritualité cosmique. Les rayons sont des canaux d'énergie divine qui circulent dans l'univers, apportant des qualités spécifiques de guérison, d'équilibre et de transformation à toutes les dimensions de l'existence. Chaque rayon cosmique est représenté par une couleur et porte une qualité distincte qui lui est associée.

Le rayon bleu est un symbole de guérison et de protection. En s'accordant à ce rayon, il est possible d'accéder à une énergie régénératrice qui dissout les blocages, élimine les énergies denses et procure un sentiment de sérénité et de protection tout autour de soi. Visualiser le rayon bleu enveloppant le corps pendant la méditation est un moyen puissant de permettre à cette énergie de guérison de circuler à travers tout l'être, travaillant à des niveaux subtils et profonds pour rétablir l'équilibre et l'harmonie.

Le rayon rose représente l'amour inconditionnel et la compassion. En vous immergeant dans l'énergie du rayon rose pendant la méditation, vous ouvrez votre cœur à un amour plus profond et plus compatissant, à la fois pour vous-même et pour les autres. Cette énergie douce et bienveillante guérit les blessures émotionnelles et renforce les liens avec le monde qui vous entoure, nourrissant les relations et apportant un sentiment d'unité et d'harmonie.

Le rayon d'or est l'expression de la sagesse et de l'illumination spirituelle. Visualiser le rayon d'or pendant la méditation est un voyage à la recherche de connaissances supérieures et de clarté mentale. Cette énergie brillante apporte perspicacité et inspiration, vous permettant de comprendre des questions complexes avec plus de discernement et d'intégrité. En vous branchant sur le rayon d'or, vous élargissez votre conscience et vous vous connectez à la sagesse intérieure, devenant ainsi un canal d'illumination spirituelle.

Le rayon vert de la guérison est un canal énergétique qui représente le renouvellement et la restauration de la santé physique, émotionnelle et spirituelle. Pour se brancher sur ce rayon pendant la méditation, il faut visualiser une lumière verte enveloppant et pénétrant toutes les parties de l'être qui ont besoin d'être guéries. Cette énergie verte revitalisante équilibre le corps et l'esprit, procurant un sentiment de bien-être et de vitalité.

Le rayon violet de la transmutation est une énergie de transformation qui apporte la purification et la libération des schémas négatifs. Pour incorporer le rayon violet pendant la méditation, vous pouvez le visualiser comme une lumière violette qui dissout toute énergie dense, les karmas passés ou les pensées limitantes. Cette énergie alchimique vous permet de vous libérer de votre bagage émotionnel et spirituel, laissant place à la croissance et à l'évolution.

Le rayon blanc de pureté est une énergie divine qui représente la connexion avec le moi supérieur et la sagesse spirituelle. Pour visualiser le rayon blanc pendant la méditation, vous pouvez vous connecter à l'essence la plus pure de votre être, permettant à la lumière blanche de pénétrer toutes les couches de la conscience. Cette énergie lumineuse apporte la clarté, la paix intérieure et un sentiment d'unité avec le divin.

Le rayon jaune de l'illumination est un canal énergétique qui représente l'expansion de la conscience et la recherche de connaissances supérieures. Pour se connecter à ce rayon pendant la méditation, on peut le visualiser comme une lumière jaune brillante qui irradie la sagesse et la compréhension des questions spirituelles et philosophiques. Cette énergie jaune stimule l'esprit, éveillant sa capacité à discerner et à comprendre les aspects les plus profonds de l'existence.

Le rayon orange de la créativité est une énergie qui inspire l'expression créative et la connexion avec le pouvoir de l'imagination. En vous accordant à ce rayon pendant la méditation, vous pouvez visualiser une lumière orange vibrante qui active votre créativité intérieure. Cette énergie orange stimule la capacité à manifester de nouvelles idées, de nouveaux projets et des solutions innovantes dans votre vie.

La manière dont vous visualisez ces rayons est également importante dans le cadre de la spiritualité cosmique : vous pouvez vous imaginer baigné dans la lumière du rayon ou frappé par elle. Les deux approches sont valables et peuvent être utilisées selon les préférences personnelles et l'intuition. L'efficacité de la pratique n'est pas limitée à une seule forme de visualisation, et les deux formes peuvent apporter des bénéfices significatifs. Examinons les deux options plus en détail.

Visualisation par bain de lumière :

Dans cette approche, la personne se visualise immergée et baignée dans la lumière d'un rayon cosmique spécifique. Elle peut imaginer que cette lumière coule de haut en bas, enveloppant l'ensemble de son corps et de son champ énergétique. Cette visualisation peut être particulièrement utile pour ceux qui recherchent la sensation d'une immersion profonde dans l'énergie du rayon cosmique, comme s'ils plongeaient dans son essence curative et transformatrice.

Cette visualisation permet à la personne de se sentir enveloppée et nourrie par l'énergie du rayon cosmique, lui procurant un sentiment de connexion totale avec cette fréquence de guérison. L'expérience peut être comparée à un bain de lumière purificateur, où tous les domaines de l'être sont imprégnés de cette énergie revitalisante.

Visualisation de l'accueil de l'univers.

Dans cette approche, la personne s'ouvre pour recevoir l'énergie du rayon cosmique qui coule directement vers elle depuis l'univers. Elle peut s'imaginer les bras et le cœur ouverts, permettant à l'énergie du rayon cosmique d'entrer dans son être. Cette visualisation peut être particulièrement puissante pour ceux qui souhaitent expérimenter une connexion plus directe avec le pouvoir universel et l'aspect divin de l'énergie du rayon cosmique.

Cette visualisation permet à la personne de se sentir réceptive et ouverte à recevoir l'énergie du rayon cosmique comme un cadeau de l'univers. Il s'agit d'une pratique d'abandon et de confiance, où vous vous abandonnez à la sagesse curative du rayon, lui permettant de travailler dans votre être d'une manière harmonieuse et transformatrice.

Les deux formes de visualisation sont très efficaces et peuvent être alternées ou combinées selon les préférences de chacun. L'important est que la personne se sente à l'aise et en phase avec l'expérience, permettant à l'énergie du rayon cosmique de circuler librement dans son être, apportant la guérison, l'équilibre et l'expansion de la conscience. En pratiquant la visualisation avec intention, foi et abandon, vous obtiendrez des résultats profonds et positifs dans votre voyage de découverte de soi et de croissance spirituelle.

En pratiquant la guérison par les rayons cosmiques, vous ouvrez un canal à la sagesse divine et devenez co-créateur de votre propre guérison et de votre évolution spirituelle. Cette pratique est l'occasion de se connecter au vaste univers des énergies subtiles, vous rappelant que vous êtes un être spirituel vivant une expérience humaine avec le pouvoir d'accéder et d'utiliser les énergies pour la guérison, pour votre propre bien-être ou celui de personnes moins éclairées spirituellement.

L'harmonisation avec les étoiles et les astres est une autre pratique profondément enracinée dans la spiritualité cosmique, car ils possèdent des énergies subtiles qui influencent et aident le processus de guérison. Vous pouvez vous connecter à ces énergies par l'observation des corps célestes, la méditation et l'intention. En observant la beauté du ciel étoilé, vous prenez conscience de votre lien avec l'univers et permettez aux énergies stellaires de circuler dans votre être, apportant équilibre et renouveau. Vous pouvez également utiliser des cristaux ou des pierres liés aux étoiles pour amplifier et concentrer ces énergies cosmiques.

Pendant la méditation, vous pouvez approfondir votre connexion avec les étoiles. Visualisez votre énergie s'étendant au-delà de votre corps physique et se connectant à l'immensité du cosmos. Ce faisant, vous permettez aux énergies stellaires de s'écouler dans votre être, ce qui vous procure un sentiment d'alignement et d'harmonisation avec la sagesse stellaire.

N'oubliez pas l'importance de l'intention dans ce processus. En fixant l'intention de vous connecter aux énergies stellaires afin de recevoir leurs bénédictions curatives, vous ouvrez un canal pour la transmission de ces énergies dans votre vie. Cette intention consciente renforce votre accord avec l'univers et vous permet de recevoir ses influences bénéfiques.

L'harmonisation avec les étoiles dans la spiritualité cosmique est intrinsèquement liée aux particularités de la condition humaine et à l'influence subtile et significative que certains astres exercent sur nous. Dans cette pratique, les étoiles peuvent être associées à des planètes qui jouent un rôle important dans votre vie, tandis que les étoiles représentent des énergies cosmiques plus larges qui transcendent votre existence terrestre.

Dans la spiritualité cosmique, certains des astres qui résonnent avec les particularités de la condition humaine sont les suivants :

Le Soleil :

Pour comprendre la spiritualité cosmique, la question du soleil nécessite une explication plus large. Il est considéré comme une étoile centrale qui va au-delà de son rôle physique de fournisseur de lumière et de vie sur Terre. Il représente une puissante source d'énergie vitale, d'illumination spirituelle et de force intérieure. Se mettre au diapason de l'énergie solaire est une pratique spirituelle importante, car elle apporte de profonds bienfaits à l'être humain, qui doit comprendre que sa vie existe parce que le soleil existe.

L'énergie solaire est associée au Soi supérieur, l'aspect le plus élevé et le plus spirituel de l'individu. En se connectant à cette énergie, on fait l'expérience d'une plus grande clarté mentale, ce qui aide à dissiper la confusion et l'incertitude. En outre, le renforcement de la connexion avec le Soi supérieur vous permet d'accéder à la source de la sagesse intérieure et d'acquérir une compréhension plus profonde de votre but dans la vie.

Tout comme le soleil est la source de la vie sur Terre, du point de vue de la spiritualité cosmique, l'énergie solaire est considérée comme la base des cycles de vie spirituels. Les rayons du soleil sont la représentation symbolique de la lumière qui illumine le chemin spirituel de l'individu, assurant la croissance, l'évolution et le renouvellement continu. Ils nourrissent non seulement le corps physique, mais aussi le corps spirituel, stimulant le développement spirituel et l'éveil de la conscience.

Lorsque vous vous connectez à l'énergie solaire, vous ressentez un sentiment de raison d'être et d'authenticité, car vous vous alignez avec votre véritable essence intérieure et la source de votre vie. Cette connexion avec la force vitale du Soleil apporte également un profond sentiment de vitalité et d'enthousiasme pour la vie, vous encourageant à poursuivre vos objectifs avec détermination et confiance.

Dans le système complexe de la spiritualité cosmique, le Soleil est un point fondamental pour comprendre le lien entre l'énergie cosmique et l'expérience humaine. C'est l'une des principales sources d'énergie qui influencent et façonnent l'existence. En honorant et en vous alignant sur cette énergie, vous accédez à un vaste potentiel spirituel et vous vous ouvrez à un univers de possibilités de croissance, de compréhension et de guérison.

La Lune :

La Lune exerce une forte influence sur les émotions et les cycles naturels. Elle est associée à l'intuition, à la créativité et à l'énergie féminine. En vous harmonisant avec l'énergie lunaire, vous explorez les profondeurs de vos émotions et accédez à la sagesse intuitive qui réside en vous.

Mercure :

En vous harmonisant avec la planète Mercure, vous pouvez vous connecter à l'énergie de la communication, de l'expression et de l'esprit analytique. L'harmonisation avec Mercure renforce les capacités de communication, la clarté de la pensée et la recherche de connaissances.

Vénus :

Vénus est la planète de l'amour, de la beauté et de l'harmonie. En vous accordant à l'énergie de Vénus, vous cultivez l'amour inconditionnel pour vous-même et pour les autres, et vous attirez des relations et des expériences qui favorisent l'harmonie et la compassion.

Mars :

En vous harmonisant avec la planète Mars, vous accédez à l'énergie de l'action, de la détermination et du courage. Cette harmonisation renforce votre motivation et votre capacité à relever les défis, ce qui vous permet d'avancer sur votre chemin avec confiance.

Étoiles Alpha Centauri :

Dans la spiritualité cosmique, les étoiles Alpha Centauri sont considérées comme des connexions spéciales avec les énergies cosmiques. L'harmonisation avec ces étoiles amplifie la connexion avec la sagesse cosmique, stimule l'expansion de la conscience et ouvre les portails de la guérison spirituelle.

Utilisez des cristaux et des pierres précieuses pour renforcer l'harmonisation avec les étoiles. Chaque cristal possède une énergie unique et est associé à des planètes ou des étoiles spécifiques. Placez ces cristaux autour du corps pendant la méditation ou utilisez-les dans des bijoux ou des amulettes pour attirer et ancrer les énergies stellaires dans votre vie quotidienne.

Soleil :

Les cristaux associés au soleil sont la citrine et la topaze.

La citrine est connue pour son énergie solaire, ce cristal apporte joie, vitalité et clarté mentale. C'est un élément qui renforce la connexion avec le Soi supérieur, apportant de la lumière sur le chemin spirituel.

La Topaze est associée à la puissance du Soleil, aidant à augmenter la confiance en soi, apportant le courage de faire face aux défis, vous faisant avancer vers le but de votre vie.

La Lune :

Les cristaux associés à la Lune sont le quartz rose et la pierre de lune.

Le quartz rose représente l'amour inconditionnel et est un cristal qui harmonise les émotions et nourrit les relations, ouvrant le cœur à la compassion et à la connexion avec le moi intérieur. La pierre de lune renforce l'intuition et la sensibilité, c'est un cristal qui permet d'explorer les profondeurs des émotions et d'accéder à la sagesse intuitive.

Mercure :

Les cristaux associés à Mercure sont l'agate bleue et la sodalite.

L'agate bleue facilite une communication claire et efficace, aidant à exprimer les idées et les pensées de manière objective et calme. La sodalite stimule l'esprit analytique, aide à la recherche de la connaissance, favorise le discernement et la compréhension des situations.

Vénus :

Les cristaux associés à Vénus sont le quartz vert et la rose du désert.

Le quartz vert vous relie à l'amour et à la guérison, attire l'harmonie dans les relations et stimule l'ouverture du cœur. La rose du désert renforce l'estime de soi et la beauté intérieure, et favorise la paix et la sérénité.

Mars :

Les cristaux associés à Mars sont le grenat et la cornaline.

Le grenat renforce la volonté et l'énergie physique, pousse à l'action et à la capacité de surmonter les obstacles. La cornaline stimule le courage et la motivation, aide à relever les défis et à avancer avec confiance.

Étoiles Alpha Centauri :

Les étoiles Alpha Centauri sont considérées comme spéciales dans la spiritualité cosmique. Pour cette connexion, il n'y a pas de cristal spécifique, mais les cristaux clairs, tels que le quartz transparent ou le quartz blanc, sont utilisés pour amplifier la connexion avec les énergies cosmiques.

En explorant l'harmonisation avec les étoiles, vous vous ouvrez à un voyage de découverte personnelle et de connexion avec l'univers. En utilisant des pratiques telles que l'observation, la méditation et l'intention, vous vous alignez sur ces énergies cosmiques, leur permettant de s'écouler dans votre être, apportant équilibre, renouveau et croissance spirituelle. En nourrissant votre connexion avec les étoiles, vous renforcez votre cheminement spirituel et devenez un co-créateur conscient de votre propre évolution.

Travailler avec les fréquences de guérison est un voyage profondément transformateur que vous pouvez explorer dans votre pratique spirituelle. Les vibrations sonores présentes dans les fréquences de guérison ont le pouvoir d'équilibrer et d'harmoniser votre être à des niveaux subtils, favorisant un état de bien-être et de connexion avec la sagesse cosmique.

L'une des techniques les plus puissantes que vous puissiez utiliser est celle des mantras. En répétant des mantras de guérison, vous permettez à ces mots sacrés de se répercuter dans votre être, créant ainsi un champ d'énergie positive et transformatrice autour de vous. Les mantras ont le pouvoir de débloquer les énergies stagnantes, de libérer les tensions ou les blocages qui peuvent affecter votre équilibre émotionnel et spirituel.

Les chants jouent également un rôle important dans le travail avec les fréquences de guérison. En permettant à votre voix de s'exprimer à travers des chants et des vocalisations, vous libérez les énergies bloquées, créant ainsi un espace de renouveau et d'harmonie. La voix est un instrument puissant pour transmuter les énergies et vous connecter à l'essence de votre moi authentique.

La musique thérapeutique est un autre outil précieux que vous pouvez utiliser pour travailler avec les fréquences de guérison. La musique spécialement conçue à cet effet a le pouvoir de calmer l'esprit, de détendre le corps et d'élever l'âme. Ces mélodies soigneusement sélectionnées créent un environnement favorable à la guérison, en ouvrant le cœur pour recevoir les bénédictions des énergies cosmiques.

En permettant aux fréquences de guérison de pénétrer votre être par le biais de ces pratiques, vous vous ouvrez à un profond voyage de transformation et d'équilibre. La guérison se manifeste à tous les niveaux de l'être : physique, émotionnel, mental et spirituel. Rappelez-vous que la guérison est un processus continu et que le travail avec les fréquences de guérison est un moyen puissant de renforcer votre connexion avec l'univers, en nourrissant l'essence divine qui réside en vous. En intégrant ces techniques à votre routine, vous devenez un canal de guérison, permettant à la sagesse de l'univers de s'écouler à travers vous, apportant équilibre, renouveau et harmonie à la vie.

25
Centres d'énergie

Les chakras (mentionnés plus haut) sont des vortex d'énergie situés dans le corps et jouent un rôle vital dans la santé physique, émotionnelle et spirituelle. Ils agissent comme des canaux énergétiques qui absorbent, traitent et distribuent l'énergie vitale dans l'ensemble de l'être. Le nettoyage et l'harmonisation de ces centres énergétiques sont essentiels à l'équilibre et au bien-être. Explorons quelques-unes des pratiques et techniques utilisées dans la spiritualité cosmique pour nettoyer et harmoniser les chakras.

Bien que chacun des chakras ait été décrit précédemment, nous allons, dans un but didactique, approfondir le sujet sous l'angle de leur nettoyage et de leur harmonisation énergétiques.

Mais d'abord, en plus de connaître chacun de ces centres d'énergie, il est important de comprendre leur relation avec les aspects de la vie.

Comme nous l'avons déjà mentionné, les chakras sont situés le long de la colonne vertébrale, de la base au sommet de la tête, et chacun d'entre eux est associé à une couleur, à une fonction et à des aspects spécifiques de l'existence humaine.

Chakra racine (Muladhara) :

Situé à la base de la colonne vertébrale, dans la région lombaire, au niveau de la taille, il est associé à la sécurité, à la stabilité et à la connexion avec la terre. Sa couleur est le rouge. Il influence la survie, le sentiment d'appartenance et les fondations solides. La lumière du chakra racine se projette dans le dos, l'enracinant fermement à la terre, ce qui permet à la personne de se sentir en sécurité. Le mantra associé à ce chakra est « LAM ». Il aide à renforcer le lien avec la terre et à promouvoir la stabilité et la sécurité dans la vie.

Chakra sacré (Swadhisthana) :

Situé dans la région sous le nombril, le chakra sacré est lié à la sexualité, à la créativité et à l'énergie vitale. Sa couleur est l'orange et il influence l'expression émotionnelle, le plaisir et la fertilité. Le mantra associé à ce chakra est « VAM ».

Chakra du plexus solaire (Manipura) :

Situé dans la région de l'estomac, le chakra du plexus solaire est lié au pouvoir personnel, à la confiance en soi et à la manifestation des objectifs. De couleur jaune, il influence la volonté, l'estime de soi et la capacité à prendre des décisions. Le mantra qui lui est associé est « RAM ».

Chakra du cœur (Anahata) :

Situé au centre de la poitrine, le chakra du cœur est lié à l'amour, à la compassion et à l'harmonie. De couleur verte ou rose, il influence les relations interpersonnelles, le pardon et l'amour inconditionnel. Le mantra associé est « YAM ».

Chakra du larynx (Vishuddha) :

Situé dans la gorge, le chakra laryngé est associé à la communication, à l'expression personnelle et à la créativité verbale. Sa couleur est bleu clair et il influence la capacité à exprimer la vérité, l'authenticité et la clarté de la communication. Le mantra qui lui est associé est « HAM ».

Chakra du troisième œil (Ajna) :

Situé entre les sourcils, le chakra du troisième œil est lié à l'intuition, à la sagesse intérieure et à la perception spirituelle. De couleur indigo (bleu marine), il influence l'intuition, l'imagination et la capacité de visualisation. Le mantra associé à ce chakra est « OM » ou « AUM ».

Chakra de la couronne (Sahasrara) :

Situé au sommet de la tête, le chakra coronaire est lié à la spiritualité et à la connexion avec le divin. De couleur violette ou blanche, il influence la connexion avec le moi supérieur, la sagesse transcendantale et la recherche de l'illumination. Le mantra associé est « OM » ou « AUM ».

En chantant ou en répétant les mantras, vous dirigez l'énergie vers le chakra concerné, ce qui contribue à l'équilibrer et à ouvrir des voies permettant à l'énergie vitale de circuler librement dans le système énergétique. N'oubliez pas qu'il est important de prononcer et de chanter correctement les mantras pour en tirer le maximum de bénéfices.

En associant la fonction et les couleurs de chaque chakra à vos mantras, vous pouvez travailler à les équilibrer, les nettoyer et les purifier afin de renforcer votre énergie vitale, favorisant ainsi une vie plus harmonieuse et plus épanouissante à tous égards.

Il existe différentes pratiques pour nettoyer et purifier les chakras. Une technique courante est la visualisation, dans laquelle vous devez imaginer une lumière brillante et purifiante correspondant à la couleur du chakra qui le baigne, éliminant les blocages et les énergies stagnantes, tout en chantant votre mantra. Vous pouvez commencer par la base de la colonne vertébrale et remonter en vous concentrant sur chaque chakra individuellement. En visualisant la lumière purificatrice et en chantant des mantras liés à chaque chakra, vous renforcez l'intention de nettoyage et d'harmonisation. En outre, la pratique de la méditation, la respiration consciente, les bains d'herbes et les cristaux contribuent également à la purification des chakras.

Après avoir nettoyé les chakras, il est important de rechercher l'équilibre et l'harmonisation de ces centres d'énergie. Chaque chakra a une fréquence vibratoire spécifique et, lorsqu'ils sont déséquilibrés, ils provoquent des problèmes physiques, émotionnels et spirituels. Pour favoriser l'harmonisation, vous pouvez utiliser des techniques telles que la méditation sur les chakras, qui consiste à se concentrer sur chaque chakra afin de rétablir l'équilibre du flux d'énergie. Vous pouvez également utiliser des couleurs, des sons, des cristaux et des huiles essentielles associées.

Le nettoyage et l'harmonisation des chakras sont des pratiques à intégrer dans votre routine. Tout comme vous prenez soin de votre corps physique et émotionnel, vous devez également prendre soin de votre énergie et de vos centres énergétiques. Cela implique de prendre conscience de ses pensées, de ses émotions et de ses actions, et de rechercher l'intégrité et l'authenticité dans tous les domaines de la vie. En outre, consacrer régulièrement du temps à des pratiques telles que la méditation, la respiration consciente, la visualisation et d'autres techniques de nettoyage et d'harmonisation des chakras aide à maintenir un état d'équilibre et de bien-être.

Le nettoyage et l'harmonisation des centres énergétiques sont fondamentaux pour la santé et le développement spirituel. En travaillant avec les chakras, vous débloquez le flux d'énergie, favorisez la guérison, renforcez la connexion avec le divin et élargissez la conscience. N'oubliez pas que vous êtes unique, alors adaptez ces pratiques à votre intuition et à vos besoins personnels. En cultivant le nettoyage et l'harmonisation des chakras, vous nourrissez votre être tout entier, vous permettez à votre énergie de circuler librement, ce qui vous permet de vivre une vie pleine et pleine de sens.

26
Alignement énergétique et mode de vie

Découvrez l'importance d'intégrer l'alignement énergétique au mode de vie dans la spiritualité cosmique.

Vous avez appris les concepts de l'énergie, des chakras, de la méditation et des techniques de nettoyage et d'harmonisation des centres énergétiques. Il est maintenant temps de comprendre comment vous pouvez incorporer ces enseignements et ces pratiques dans votre vie quotidienne, en les transformant en un style de vie holistique et intégré.

Conscience énergétique.

La première étape de l'intégration de l'alignement énergétique dans votre mode de vie consiste à développer une conscience énergétique constante. Cela signifie que vous devez être conscient de vos propres énergies, émotions et pensées, et observer comment elles affectent votre bien-être général. Tout au long de la journée, prenez quelques instants pour vous connecter à votre énergie intérieure, observer vos émotions et identifier d'éventuels blocages ou déséquilibres. Cette pratique d'auto-observation vous permet de devenir plus conscient des domaines qui ont besoin d'attention et de soins. Cependant, de nombreuses personnes éprouvent des difficultés à établir des critères d'évaluation et à identifier les blocages et les déséquilibres.

De manière didactique, on peut dire que la conscience énergétique est une pratique essentielle pour identifier les blocages et les déséquilibres dans la vie quotidienne. Pour développer cette conscience, vous pouvez suivre quelques étapes simples.

Tout au long de la journée, prenez quelques instants pour vous arrêter et vous connecter à vous-même. Il peut s'agir d'une courte pause entre deux tâches, de quelques minutes de méditation ou même d'une promenade tranquille dans la nature. Ces moments de pause vous permettent de vous connecter à votre énergie intérieure et d'observer ce que vous ressentez.

Soyez attentif à vos émotions tout au long de la journée. Déterminez si vous vous sentez heureux, triste, stressé, anxieux, etc. Les émotions sont de puissants indicateurs de l'état de votre énergie interne et peuvent révéler d'éventuels blocages ou déséquilibres. Chaque émotion a une résonance énergétique unique qui reflète la façon dont vous êtes en relation avec vous-même et avec l'environnement qui vous entoure. Les émotions sont liées aux chakras et le changement de votre état émotionnel nécessite un nettoyage énergétique et l'alignement du chakra correspondant avec les techniques enseignées dans les pages précédentes. Voici quelques émotions courantes qui sont des indicateurs de blocages ou de déséquilibres.

La joie :

La joie est une émotion positive qui indique que l'énergie circule harmonieusement. Se sentir joyeux suggère généralement un équilibre sain entre les aspects physiques, émotionnels et spirituels.

Tristesse :

La tristesse est liée au chakra du cœur et indique des problèmes non résolus concernant l'amour et le pardon. Elle est également liée au chakra du plexus solaire, associé au pouvoir personnel et à la confiance en soi, car la tristesse résulte de difficultés à exprimer sa véritable essence.

Le stress :

Le stress est une émotion courante dans la vie active, mais il indique également que vous êtes débordé ou que vous n'êtes pas en phase avec vos besoins et vos limites. Le stress prolongé entraîne des blocages énergétiques dans différents domaines. Il est lié au chakra du plexus solaire, indiquant une surcharge émotionnelle et un désalignement avec ses limites et ses besoins.

Anxiété :

L'anxiété suggère que vous vous inquiétez de l'avenir ou que vous êtes bloqué dans des schémas mentaux négatifs. Elle indique un déséquilibre du chakra du larynx, lié à la communication et à l'expression de soi. Le sentiment d'anxiété indique que l'on s'inquiète de l'avenir ou que l'on a du mal à exprimer clairement ses besoins et ses émotions.

Colère :

La colère indique que vous refoulez vos émotions ou que vous êtes confronté à des situations difficiles. Elle indique des blocages dans le chakra du plexus solaire, qui est lié au pouvoir personnel et à la confiance en soi. La colère déclenche des déséquilibres dans le pouvoir personnel et la maîtrise de soi, ce qui indique des problèmes non résolus concernant le pardon et la compassion.

La peur :

La peur révèle un sentiment d'insécurité ou de menace dans certains domaines de la vie. Elle indique des blocages dans le chakra racine, qui est associé à la sécurité et à la stabilité. Le fait d'avoir peur indique une insécurité ou une menace dans un domaine de la vie.

Culpabilité :

Le sentiment de culpabilité suggère que vous vous chargez trop ou que vous portez des fardeaux émotionnels du passé. La culpabilité est liée à des blocages dans le chakra du cœur, qui est associé à l'amour et au pardon, ce qui indique des problèmes non résolus. Elle est également liée au chakra du plexus solaire, indiquant une collecte excessive de soi et un manque d'estime de soi.

Cette approche considère que différentes émotions peuvent être liées à différents chakras, car les expériences émotionnelles sont complexes et multiformes. Il est important de se rappeler que le lien entre les émotions et les chakras peut varier d'une personne à l'autre. L'observation continue de soi et l'honnêteté à l'égard de ses propres sentiments sont donc fondamentales pour identifier le lien entre ses émotions, ses chakras et son énergie en général.

La pratique de la pleine conscience est également un moyen puissant de développer la conscience énergétique. En étant pleinement conscient du moment présent, vous prenez conscience de la manière dont différentes situations, personnes ou environnements affectent votre énergie et votre bien-être.

Votre corps est une source précieuse d'informations sur votre énergie interne. Remarquez si vous ressentez une tension, une douleur ou une gêne à un endroit quelconque. Ces symptômes physiques sont le reflet de blocages ou de déséquilibres énergétiques.

Tenez un journal ou un carnet pour noter vos observations et vos idées tout au long de la journée. Notez ce que vous ressentez, les émotions qui surgissent dans différentes situations et les schémas énergétiques que vous remarquez. Cette pratique permet de consolider la conscience énergétique et d'identifier les schémas récurrents.

Posez-vous des questions sur vos émotions et votre énergie. Par exemple : « Pourquoi est-ce que je me sens comme ça ? » ou « Qu'est-ce qui cause ce blocage ? » Parlez à vous-même avec sincérité et réceptivité, en cherchant à comprendre plus profondément vos énergies intérieures.

Lorsque vous identifiez des blocages ou des déséquilibres, cherchez des moyens d'apporter de l'harmonie et de l'équilibre à votre énergie. Il peut s'agir de pratiques de méditation, de respiration consciente, de visualisations, d'exercices physiques, de thérapies énergétiques ou de toute autre technique qui résonne en vous.

N'oubliez pas que la prise de conscience de l'énergie est un processus continu qui nécessite de la pratique et de la patience. Plus vous vous connectez à votre énergie intérieure et observez vos émotions et vos pensées, plus il devient facile d'identifier les blocages et les déséquilibres dans votre vie quotidienne. Cette pratique permet non seulement la connaissance de soi, mais offre également des opportunités de développement personnel et spirituel, favorisant un meilleur bien-être et une plus grande harmonie dans la vie.

Une fois que vous avez pris conscience de vos énergies, il est temps de consacrer un temps précieux à des pratiques d'alignement énergétique. Réservez un moment de calme dans votre routine pour vous connecter à votre essence intérieure et travailler à l'équilibre de vos chakras, en réalignant votre énergie de manière harmonieuse. Les techniques que vous apprendrez tout au long du livre, telles que la méditation, la visualisation et la respiration consciente, seront vos alliées dans ce voyage.

Lors de vos séances de méditation, laissez-vous plonger au plus profond de votre être, en explorant chaque chakra et ses énergies spécifiques. Visualisez la lumière purificatrice qui vous enveloppe, libérant les blocages et permettant à l'énergie de circuler librement. Concentrez-vous sur chaque chakra, de la racine à la couronne, et sentez l'énergie s'aligner et se répandre dans tout le corps.

En pratiquant la visualisation, imaginez-vous entouré d'une lumière vive et accueillante, qui nourrit et renforce votre champ énergétique. Voyez votre aura briller avec intensité, reflétant l'équilibre et l'harmonie que vous cultivez intérieurement.

La respiration consciente est un autre outil puissant pour aligner vos énergies. Prenez quelques minutes pour respirer profondément, en portant votre attention sur votre respiration, en lui permettant de calmer votre esprit et d'apaiser vos émotions. En inspirant, imaginez que vous absorbez de l'énergie vitale et de la lumière. En expirant, libérez toute tension ou énergie négative accumulée.

Ces pratiques d'alignement énergétique ne renforceront pas seulement votre champ énergétique, mais augmenteront également votre intuition et votre conscience spirituelle. Vous vous sentirez davantage connecté à vous-même et au monde qui vous entoure, et vous trouverez un équilibre profond dans tous les aspects de votre vie.

Outre les pratiques d'alignement énergétique, il est important de savoir que l'alimentation joue un rôle crucial dans l'intégration de cet alignement à votre mode de vie. Soyez attentif au fait que tout ce que vous consommez, que ce soit en termes d'aliments, de pensées ou d'influences extérieures, a un impact direct sur votre énergie. Par conséquent, faites des choix conscients lorsque vous sélectionnez des aliments, en optant pour ceux qui sont frais, vibrants et nutritifs, capables de fournir à l'organisme une énergie vitale.

Privilégiez une alimentation riche en nutriments qui soutiennent votre santé physique et énergétique. Mangez des fruits et des légumes colorés et variés, car chaque couleur représente des avantages différents pour le corps et l'esprit. Une alimentation équilibrée et saine vous apporte l'énergie dont vous avez besoin pour vous sentir fort et revigoré.

En plus de nourrir votre corps physiquement, prêtez attention aux pensées et aux émotions que vous entretenez au quotidien. Cultivez un état d'esprit positif et aimant, essayez d'orienter votre attention vers des pensées constructives et encourageantes. Ce faisant, vous créez un environnement interne favorable à l'alignement énergétique, permettant à votre énergie de circuler harmonieusement.

Soyez gentil avec vous-même et avec les autres, essayez de rester à l'écart des pensées négatives ou autocritiques. Trouvez plutôt des moyens de nourrir l'amour de soi et l'acceptation de soi, car ces sentiments renforcent votre connexion à l'énergie positive.

Le voyage de l'alignement énergétique est unique à chaque individu, c'est un processus continu d'apprentissage et de croissance. En devenant plus conscient de vos choix alimentaires, de vos pensées et de vos émotions, vous construisez une base solide pour un mode de vie énergétique positif, favorisant un plus grand bien-être dans tous les aspects de la vie.

Un autre aspect fondamental de l'intégration de l'alignement énergétique dans votre vie est la création d'un environnement physique et énergétique propice à la croissance spirituelle. Prenez le temps d'organiser et de nettoyer votre espace, en veillant à ce qu'il soit libre de tout encombrement et de toute énergie stagnante. L'harmonie de votre environnement se reflète directement sur votre énergie intérieure, favorisant un meilleur équilibre et un plus grand bien-être.

Commencez par organiser vos affaires et débarrassez-vous des objets inutiles. Débarrassez-vous des objets qui ne vous apportent plus de joie ou d'utilité, car ils accumulent de l'énergie stagnante et entravent le flux énergétique dans votre espace. En créant un environnement organisé et désencombré, vous permettez à l'énergie de circuler librement, ce qui favorise l'alignement énergétique.

En plus de l'organisation, utilisez des techniques de nettoyage énergétique pour purifier l'environnement. Fumer avec des herbes sacrées, comme la sauge ou le palo santo, est une pratique ancienne efficace pour éliminer les énergies négatives et revitaliser un espace. En allumant l'encens de l'un de ces éléments et en répandant la fumée dans tous les coins de votre maison, vous libérez les énergies stagnantes, ce qui apporte un sentiment de renouveau et de clarté. Utilisez les herbes sacrées suivantes pour la purification de l'énergie :

Sauge blanche :

La sauge blanche est une herbe largement utilisée pour la purification énergétique. Allumez un bâton d'encens de sauge blanche et laissez la fumée purificatrice se répandre dans la pièce, en passant par les coins et les espaces où l'énergie peut être stagnante. Pendant ce temps, concentrez-vous sur l'intention de libérer toute énergie négative afin de favoriser l'harmonie dans votre espace.

Le romarin :

Le romarin est connu pour ses propriétés purificatrices et protectrices. Faites brûler des feuilles de romarin ou de l'encens et laissez la fumée se répandre dans la pièce. Ce faisant, visualisez l'énergie négative se dissoudre et être remplacée par une énergie positive et revitalisante.

La lavande :

La lavande est une herbe sacrée associée à la paix, à la relaxation et à l'équilibre. Utilisez l'huile essentielle de lavande pour créer un spray nettoyant énergisant. Mélangez quelques gouttes d'huile essentielle de lavande à de l'eau distillée et vaporisez-la dans votre environnement, en visualisant l'énergie purifiée et harmonisée.

Le basilic :

Le basilic est une herbe sacrée qui aide à nettoyer et à protéger l'espace. Mettez quelques feuilles de basilic frais dans un récipient et laissez-le dans votre chambre. En plus de dégager un arôme agréable, le basilic chasse les énergies négatives et favorise une atmosphère de tranquillité.

Une autre façon d'élever la vibration de votre environnement est d'utiliser des cristaux à des endroits stratégiques. Choisissez des cristaux qui résonnent avec vos intentions et vos objectifs spirituels, comme le quartz clair pour la purification, l'améthyste pour l'harmonie et la protection, ou la citrine pour attirer la prospérité et l'abondance. Placez ces cristaux dans les endroits où leur fréquence est la plus élevée, comme votre bureau, votre chambre à coucher ou votre lieu de méditation.

En prenant le temps et le soin de créer un environnement physique et énergétique sain, vous créez un espace douillet propice au développement spirituel. Cela vous aide à vous sentir plus connecté à vous-même et aux énergies de l'univers, en élargissant votre capacité d'alignement énergétique et en favorisant un voyage spirituel significatif et enrichissant. Rappelez-vous que chaque petit ajustement de votre environnement fait une grande différence pour votre énergie et votre bien-être général.

Bien que les propriétés des principaux cristaux soient énumérées dans les pages précédentes, voici quelques-uns des cristaux que vous pouvez insérer dans votre environnement pour stimuler votre énergie et votre harmonie.

Le quartz blanc :

Le quartz blanc est connu pour sa capacité à purifier et à clarifier l'énergie. Placez un cristal de quartz blanc dans un endroit central de votre espace pour amplifier l'énergie positive et neutraliser les influences négatives.

Améthyste :

L'améthyste est un cristal puissant qui élève la vibration spirituelle, favorisant le calme et la paix intérieure. Placez une grappe d'améthystes dans votre environnement pour créer une atmosphère de tranquillité et de connexion spirituelle.

Citrine :

La citrine est associée à la joie, à la prospérité et à l'énergie positive. Placez quelques cristaux de citrine dans des endroits stratégiques de votre espace pour attirer l'abondance et la vitalité.

Sélénite :

La sélénite est un cristal qui favorise la purification énergétique et la clarté mentale. Placez une ou plusieurs plaques de sélénite dans votre environnement pour aider à éliminer les énergies négatives et stimuler l'harmonie et l'équilibre.

Cristal de sodium (pierre de sel)

Le cristal de sodium, également connu sous le nom de pierre de sel, est un cristal naturel facile à trouver. Placez de petites portions de pierre de sel dans un endroit important de votre espace pour purifier l'énergie et apporter un sentiment de propreté et d'équilibre. La pierre de sel a la propriété d'absorber les énergies négatives de l'environnement, favorisant ainsi une atmosphère de renouveau et de bien-être.

L'intégration de l'alignement énergétique dans votre mode de vie s'étend également à la manière dont vous entretenez des relations avec les autres et votre communauté. Cherchez à entretenir des relations saines et équilibrées, fondées sur le respect, la compassion et le soutien mutuel. Privilégiez les liens significatifs avec des personnes qui partagent les mêmes intérêts spirituels que vous, et où vous pouvez trouver soutien et encouragement.

La participation à des groupes ou à des communautés ayant des affinités spirituelles est une occasion précieuse d'enrichir votre cheminement spirituel. En vous joignant à d'autres personnes en quête de croissance et d'élévation spirituelles, vous avez la possibilité de partager vos expériences, vos apprentissages et vos pratiques, d'enrichir votre propre compréhension et de progresser sur la voie de l'alignement énergétique.

Collaborer et échanger des énergies avec d'autres personnes dans un espace de soutien et de compréhension renforce les convictions spirituelles et élargit les horizons. Partager et recevoir des connaissances avec empathie et ouverture crée une atmosphère de croissance collective, dans laquelle chacun se nourrit des expériences et des idées des autres.

Il est important de comprendre que l'intégration de l'alignement énergétique n'est pas une pratique isolée, mais une approche holistique pour vivre en harmonie avec l'univers. En intégrant cette prise de conscience et cette pratique dans votre vie quotidienne, vous ouvrez un espace pour la croissance spirituelle et vous approfondissez votre connexion avec votre moi intérieur.

Cette recherche continue d'une vie plus harmonieuse et plus significative conduit à une connexion profonde avec soi-même, permettant à son potentiel spirituel de s'épanouir. Le processus est transformateur et apporte croissance, bien-être et un plus grand sens du but dans le voyage de la vie.

Dans ce processus, n'oubliez pas d'être bienveillant. Le voyage spirituel est unique et il est normal de rencontrer des défis et des moments de réflexion en cours de route. Permettez-vous d'évoluer à votre rythme, en respectant vos besoins et vos intuitions.

27
Manifestation consciente

Découvrez les principes de la manifestation consciente dans la spiritualité cosmique. Il s'agit du processus par lequel vous créez intentionnellement la réalité que vous désirez, en utilisant l'énergie, l'intention et la conscience comme des outils puissants. Les Êtres de Lumière ont une compréhension profonde de ces principes et offrent cette connaissance précieuse sur la façon dont vous pouvez devenir un co-créateur conscient de votre réalité.

Bien que ce sujet ait été abordé dans les pages précédentes, nous allons l'approfondir un peu plus.

Dans la spiritualité cosmique, vos pensées et vos intentions ont un pouvoir indéniable sur la création de la réalité. Tout ce qui existe dans l'univers est énergie, et vos pensées et intentions sont des formes d'énergie que vous envoyez dans le champ quantique de la conscience universelle. Par conséquent, pour manifester consciemment, il est essentiel de cultiver une conscience accrue et d'orienter vos pensées et vos intentions vers ce que vous voulez créer. En concentrant votre énergie de manière positive et en accord avec vos valeurs et vos objectifs, vous commencez à attirer des expériences et des circonstances qui sont en accord avec vos intentions.

L'un des principes fondamentaux de la manifestation consciente est l'alignement vibratoire. Cela signifie que pour manifester vos désirs, vous devez vibrer à la même fréquence énergétique que ce que vous voulez attirer. Lorsque vous êtes en harmonie vibratoire avec vos désirs, vous créez un champ de résonance qui permet à ces désirs et expériences de se manifester dans votre vie. Il est donc important de cultiver des émotions positives, telles que la gratitude, la joie et l'amour, afin de libérer les blocages énergétiques qui pourraient empêcher votre alignement vibratoire. Des pratiques telles que la méditation, la visualisation et les affirmations positives sont utiles dans ce processus d'alignement.

Dans la spiritualité cosmique, vous faites partie d'un univers interconnecté et intelligent. La manifestation consciente n'est pas seulement un acte individuel, mais une co-création avec l'Univers. En établissant un partenariat avec le cosmos, vous ouvrez un espace pour recevoir des conseils, des synchronicités et des opportunités qui vous aident à manifester vos désirs de manière fluide et harmonieuse. Pour cela, il faut faire confiance à la sagesse de l'Univers et être prêt à agir en accord avec les signes et les directions que l'on reçoit. En co-créant avec l'Univers, vous reconnaissez que vos désirs et vos intentions peuvent se manifester de manière encore plus surprenante que vous ne pouvez l'imaginer.

S'il est important de fixer des intentions claires et de visualiser ce que vous voulez manifester, il est également essentiel de pratiquer le détachement et la confiance dans le processus. Un attachement excessif au résultat crée une résistance et limite le flux d'énergie. La confiance vous permet de vous ouvrir à des possibilités qui dépassent votre compréhension actuelle, permettant à l'Univers de se manifester d'une manière qui peut vous surprendre. Faire confiance et s'abandonner au flux de l'Univers est un aspect essentiel de la manifestation consciente dans la spiritualité cosmique.

La manifestation consciente n'est pas seulement basée sur des pensées et des intentions, mais nécessite également une action inspirée et intuitive. Lorsque vous vous alignez sur vos intentions et que vous recevez des conseils de l'Univers, vous êtes appelé à agir d'une manière qui est en accord avec ces intentions. Cette action est subtile et basée sur l'intuition, vous conduisant vers des opportunités et des synchronicités qui vous rapprochent de vos désirs. Il est important de cultiver la conscience et la réceptivité pour reconnaître ces opportunités et d'avoir le courage d'agir lorsque l'intuition indique le meilleur chemin.

Dans la spiritualité cosmique, la manifestation consciente est considérée comme une capacité naturelle, une expression de votre pouvoir en tant qu'être spirituel. En comprenant et en appliquant les principes de la manifestation consciente, vous transformez votre vie et cocréez une réalité alignée sur votre essence la plus élevée. Rappelez-vous que la manifestation consciente exige de la pratique, de la patience et de la persévérance. Au fur et à mesure que vous approfondissez ce processus, vous devenez plus conscient de votre capacité à créer et à manifester vos rêves.

28
La visualisation créative

La pratique de la visualisation créative permet de se concentrer sur la réalité que l'on souhaite. La visualisation créative est un outil puissant qui vous permet de diriger votre imagination et votre énergie vers la manifestation de vos désirs les plus profonds. Les Êtres de Lumière connaissent le potentiel de transformation de cette pratique et offrent des conseils précieux sur la manière de l'utiliser pour créer la réalité désirée.

La visualisation créative est la capacité de former des images mentales vives et détaillées qui représentent la réalité souhaitée. Lorsque vous visualisez avec clarté et intensité, vous activez les mêmes centres cérébraux que ceux qui seraient activés si vous viviez cette situation en temps réel. Cette pratique stimule le subconscient, qui est responsable de l'influence de vos croyances, de vos émotions et de votre comportement. En visualisant de manière répétée une réalité souhaitée, vous reprogrammez le subconscient pour qu'il manifeste cette réalité dans l'expérience consciente.

Pour utiliser efficacement la visualisation créative, il est important de cultiver la clarté sur ce que vous voulez manifester. Se fixer des objectifs clairs et précis permet de diriger son énergie et son attention vers la manifestation souhaitée. Plus les visualisations sont détaillées, plus elles sont puissantes. Lors de la visualisation, vous pouvez inclure non seulement des images, mais aussi des sensations, des émotions et même des dialogues internes qui sont alignés sur la réalité souhaitée. Vous créez ainsi une expérience complète et immersive dans votre esprit, ce qui permet à cette expérience de se manifester dans votre réalité extérieure.

La visualisation créative exige de la concentration et de la persévérance. Il est important de réserver du temps chaque jour pour la pratiquer, en créant un environnement paisible et favorable. En vous engageant et en consacrant du temps et de l'énergie à la visualisation, vous faites preuve d'intention et d'engagement dans la manifestation de vos désirs. Plus vous serez cohérent, plus vous obtiendrez rapidement des résultats. Bien qu'il soit normal que des doutes ou des obstacles surgissent en cours de route, il est essentiel de rester concentré sur la réalité que vous souhaitez.

Comme nous l'avons expliqué précédemment, les énergies cosmiques capables d'amener ce que vous désirez du monde énergétique au monde physique sont intrinsèquement liées à l'amour, donc une façon d'aligner votre désir sur ce concept est de le projeter vers le bien-être commun.

En créant l'image mentale associée au bien commun, votre subconscient s'éveille au principe de base de la spiritualité, l'amour, favorisant un changement dans votre état mental, alignant votre énergie sur l'énergie de la source qui crée tout, par amour.

Pour mieux comprendre, supposons que la matérialisation souhaitée soit une amélioration de votre situation financière. Dans ce cas, visualisez comment vous pouvez contribuer au bien commun lorsque cette réalité se matérialise. Par exemple, imaginez-vous en train de faire des dons à des organisations caritatives, d'acheter des médicaments pour ceux qui en ont besoin, de financer des traitements médicaux pour ceux qui n'en ont pas les moyens ou de donner de la nourriture à ceux qui ont faim. Cela peut sembler une façon égoïste d'atteindre l'objectif, mais cette visualisation aligne votre désir de matérialisation sur le principe de base de la solidarité, ce qui modifie votre schéma mental. Penser que ce type de pensée est égoïste signifie que vous êtes coincé dans des schémas préétablis. Malheureusement, 99 % des gens ont appris que les riches n'hériteront pas du Royaume des cieux, de sorte que leur subconscient lutte contre les moyens d'atteindre des niveaux de conscience plus élevés. Vous devez surmonter ces liens, car après tout, que deviendrait la planète si tout le monde était pauvre ?

Ainsi, en manifestant vos désirs liés à la générosité et à l'attention portée aux autres, en contribuant à un monde plus aimant et plus harmonieux, vous ouvrez la connexion avec l'énergie qui crée tout.

Une partie fondamentale de la visualisation créative est l'incorporation d'émotions positives associées à la réalité souhaitée. Lorsque vous visualisez, vous devez vous autoriser à ressentir les émotions de joie, de gratitude et de satisfaction que vous éprouverez lorsque vous vivrez cette réalité. Les émotions sont une forme puissante d'énergie et agissent comme des aimants qui attirent des expériences similaires. Plus vous ressentez intensément ces émotions positives pendant la visualisation, plus vous serez rapidement aligné avec la réalité souhaitée et plus vous serez prêt à la manifester.

Lorsque vous pratiquez la visualisation créative et que vous vous concentrez sur la réalité que vous souhaitez, il est important de cultiver la confiance et l'abandon à l'Univers. Sachez qu'une intelligence cosmique supérieure est à l'œuvre et que vous co-créez avec elle. Vous devez avoir confiance dans le fait que l'Univers vous soutient toujours et travaille en votre faveur, même si les résultats ne se manifestent pas immédiatement de la manière que vous attendez. L'abandon permet à des solutions inattendues et à des chemins plus élevés de se révéler, laissant la place à une manifestation qui dépasse vos attentes.

La visualisation créative et la concentration sur la réalité souhaitée sont des pratiques puissantes de la spiritualité cosmique. Grâce à elles, vous pouvez diriger votre imagination et votre énergie vers la manifestation de vos désirs les plus profonds. En pratiquant la visualisation créative avec clarté, concentration, persistance et émotions positives, vous alignez votre esprit et votre cœur sur la réalité que vous voulez créer. En faisant confiance à l'Univers et en vous abandonnant à lui, vous permettez au processus de manifestation de se dérouler de manière magique et surprenante.

29
La puissance de la manifestation

L'énergie cosmique est une fréquence élevée qui a un lien direct avec la conscience cosmique et ses technologies avancées. Cette énergie est un allié puissant pour la manifestation consciente des désirs. En vous alignant sur l'énergie cosmique, vous pouvez amplifier et accélérer le processus de manifestation, en amenant ce que vous désirez dans votre réalité.

Pour améliorer la manifestation avec l'énergie cosmique, il est important d'établir une connexion consciente avec cette énergie. Vous pouvez le faire par la méditation, la visualisation ou d'autres pratiques spirituelles déjà mentionnées dans ce livre. En vous connectant à l'énergie cosmique, vous ouvrez un canal de communication et de collaboration avec les Etres de Lumière, sachant qu'ils sont prêts à vous aider dans votre voyage de manifestation.

La fréquence cosmique est une fréquence d'amour, de sagesse et de pouvoir créatif. Pour favoriser la manifestation, il est important d'élever votre vibration et de vous aligner sur cette fréquence. Vous pouvez y parvenir en cultivant des pensées positives, en pratiquant la gratitude, en prenant soin de votre bien-être physique et émotionnel et en maintenant une intention claire centrée sur vos désirs. Plus vous vous accordez à la fréquence cosmique, plus vous vous harmonisez avec le flux de la manifestation.

Il n'est peut-être pas très explicite de parler de fréquence sans expliquer la différence entre cette fréquence et le sens commun du terme.

En termes didactiques, la « fréquence cosmique » se réfère à un niveau spécifique ou à un modèle d'énergie, ou à une vibration associée aux concepts d'amour, de sagesse et de pouvoir créatif. Dans ce contexte spirituel, la fréquence n'est pas une mesure de cycles répétitifs par unité de temps, comme nous l'entendons normalement en termes physiques. Il s'agit plutôt d'une référence métaphorique qui décrit l'état énergétique et émotionnel dans lequel vous vous trouvez.

Imaginez que chaque émotion, pensée et intention possède une « vibration » ou une qualité énergétique. Par exemple, les sentiments d'amour et de gratitude ont une vibration élevée et positive, tandis que les sentiments de colère et de tristesse ont une vibration plus basse et plus dense. La fréquence cosmique représente un état d'énergie élevé, dans lequel prédominent les sentiments d'amour, de sagesse et de puissance créatrice.

La différence entre ce sens de la fréquence et la fréquence physique est que la fréquence cosmique n'est pas liée à une mesure de temps ou d'ondes comme nous l'associons habituellement. Il s'agit plutôt d'une façon de décrire l'état émotionnel et énergétique d'une personne, soulignant l'importance de cultiver des pensées et des sentiments positifs pour s'aligner sur cette fréquence plus élevée.

Pour favoriser la manifestation, c'est-à-dire pour faire de vos désirs et de vos intentions une réalité, il est suggéré que vous vous mettiez au diapason de la fréquence cosmique, en élevant votre vibration à un état plus positif et harmonieux. Pour ce faire, vous devez avoir des pensées positives, être reconnaissant pour les bonnes choses de la vie, prendre soin de votre bien-être physique et émotionnel et vous concentrer clairement sur vos désirs et vos objectifs.

Plus vous vous alignez et vous accordez à la fréquence cosmique, plus vous êtes en harmonie avec le flux de la manifestation, ce qui rend probable la réalisation de vos intentions et de vos désirs. Cette approche spirituelle met l'accent sur le pouvoir de l'énergie et des émotions dans votre vie, et sur la façon dont vous pouvez les diriger pour créer une réalité plus positive, alignée sur vos objectifs.

Les êtres de lumière sont connus pour avoir accès aux forces qui facilitent la manifestation et la guérison. Vous pouvez vous connecter à ces êtres de manière énergétique et imaginative, et vous pouvez également visualiser ces forces sous des formes légères et les utiliser pour amplifier vos processus de manifestation. Cette pratique renforce votre connexion avec l'énergie cosmique et accroît votre pouvoir de manifestation.

Pour visualiser l'énergie cosmique et vous connecter aux êtres de lumière, vous pouvez vous imaginer dans une chambre de guérison spéciale. Fermez les yeux et respirez profondément pour vous détendre et vous concentrer. Visualisez-vous dans un espace entouré d'une lumière blanche brillante, qui représente l'énergie cosmique à haute vibration.

Dans cette chambre de guérison cosmique, sentez-vous enveloppé par une énergie aimante et puissante, capable d'accélérer la manifestation de vos désirs. Sentez cette énergie pénétrer chaque cellule de votre corps, apportant un sentiment d'équilibre, d'harmonie et de guérison.

Imaginez que cette énergie cosmique est en accord avec vos désirs les plus profonds et vos intentions les plus claires. Visualisez vos objectifs et vos rêves se matérialiser devant vous, comme s'ils étaient amenés à la réalité par une lumière, facilement et rapidement.

Vous vous sentez connecté à la sagesse et au pouvoir créatif de l'énergie cosmique, lui permettant d'amplifier vos processus de manifestation. Vous vous sentez en sécurité et en confiance dans cet espace énergétique, sachant que vous avez accès aux forces qui créent la réalité que vous souhaitez.

En vous connectant à l'énergie cosmique, vous vous rendez compte que votre pouvoir de manifestation est renforcé. Sentez-vous capable de faire émerger vos désirs les plus authentiques et de les manifester de manière alignée et harmonieuse.

Maintenez cette image mentale aussi longtemps que vous le souhaitez, en absorbant l'énergie cosmique et en vous sentant renforcé par cette connexion énergétique. Lorsque vous ouvrirez les yeux, emportez avec vous le sentiment de pouvoir et de confiance, sachant que vous avez la capacité de manifester vos rêves avec le soutien de l'énergie cosmique.

Une intention claire est fondamentale pour une manifestation consciente. Vous devez être clair sur ce que vous voulez manifester et garder votre intention ferme et focalisée sur ce but. En travaillant avec l'énergie cosmique, vous pouvez renforcer votre intention, en lui permettant d'être guidée par l'énergie à haute fréquence des Etres de Lumière. Il est important de se rappeler que l'intention doit être alignée sur le plus grand bien de toutes les personnes impliquées.

L'une des nombreuses façons d'atteindre l'état de manifestation consciente est de créer une image mentale de ce que vous voulez manifester après un moment de méditation (déjà expliqué dans les pages précédentes). Tout en gardant cette image, ouvrez-vous à l'énergie cosmique disponible. Imaginez un courant de lumière blanche brillante venant de l'espace, apportant avec lui sagesse et pouvoir de manifestation. Cette énergie vous entoure, vous remplit d'un sentiment de force et de détermination.

Rappelez-vous que lorsque vous manifestez vos désirs, ils peuvent avoir un impact sur l'ensemble, alors cherchez toujours le bénéfice commun.

Restez dans le moment présent, en faisant confiance au flux d'énergie cosmique qui s'accorde avec votre intention. Croyez en votre capacité à cocréer votre réalité et sachez qu'avec de la clarté, de la concentration et de l'alignement, vous êtes sur la bonne voie et que vos rêves se manifesteront consciemment.

Pratiquez cette connexion énergétique, avec une intention claire, en permettant régulièrement à l'énergie cosmique de renforcer le processus de manifestation. Au fur et à mesure que vous devenez plus conscient de cette puissante collaboration entre votre intention et l'énergie cosmique, vous cultivez une relation significative avec la manifestation consciente.

Les Êtres de Lumière sont prêts à vous aider dans votre voyage de manifestation. Vous pouvez les inviter à devenir vos partenaires de co-création en partageant vos désirs et vos objectifs et en demandant leur aide. Vous pouvez demander des conseils, de la clarté et des signes pour vous aider à suivre le chemin de la manifestation. En ouvrant cette communication et en faisant confiance à la sagesse et au soutien des Etres de Lumière, vous renforcez le processus de manifestation qui permet à des solutions créatives et harmonieuses de se manifester dans votre réalité.

Le renforcement de la manifestation par l'énergie cosmique est une occasion d'accélérer le processus de création consciente. En vous connectant à l'énergie cosmique, vous élevez votre vibration et vous vous alignez sur une fréquence d'amour, de sagesse et de puissance créatrice. En utilisant les technologies cosmiques, vous renforcez votre intention et votre clarté, en co-créant avec les êtres de lumière dans la quête de la matérialisation de vos plus grands désirs. En intégrant cette approche dans votre pratique quotidienne, vous faites l'expérience d'une manifestation plus rapide, plus fluide et alignée sur votre véritable essence.

30
Co-création alignée

La co-création, comme mentionné précédemment, est un processus puissant dans lequel vous vous joignez à l'Univers pour manifester vos désirs, créant une réalité alignée avec votre objectif. Cela implique d'explorer qui vous êtes, vos valeurs, vos passions et vos dons uniques. Lorsque vous êtes aligné avec votre objectif, vos désirs de manifestation sont une extension naturelle de la connexion. En vous mettant au diapason de votre objectif, vous ouvrez l'espace pour que la co-création ait lieu de manière authentique et significative.

La clarté de vos désirs est un aspect fondamental de la co-création. Il s'agit d'identifier ce que vous voulez vraiment manifester. L'idée de manifestation nous amène généralement à imaginer quelque chose de tangible, de concret. Cependant, il est essentiel de se rappeler que vous pouvez souhaiter manifester une plus grande clarté spirituelle, du bien-être pour vous-même ou pour les autres, et même la manifestation du bonheur.

Il est important d'orienter vos désirs dans le domaine du possible, non pas parce qu'il y a des limites à ce que vous pouvez souhaiter manifester, mais pour éviter la frustration. Par exemple, souhaiter qu'un éléphant batte des ailes peut être irréalisable dans la réalité. En étant précis et détaillé dans la description de vos désirs, vous facilitez la communication avec l'Univers. La clarté de vos désirs oriente votre énergie et votre intention vers ce qui compte vraiment, ce qui permet à la co-création de se dérouler plus efficacement, en accord avec le flux universel.

S'harmoniser avec le flux universel implique d'être en connexion avec le flux naturel d'énergie et d'information qui imprègne l'univers. C'est comme naviguer sur une rivière de possibilités et de synchronicités. Pour mieux comprendre le concept de Flux Universel, pensez à l'analogie d'un courant : lorsque vous vous alignez avec lui, vous êtes emporté doucement dans la même direction que le flux d'eau, sans effort.

Imaginez que vous faites partie d'un vaste système interconnecté dans lequel tout est en mouvement et en interaction constants. Dans ce système, il existe une intelligence supérieure, un ordre divin qui guide et coordonne tous les événements et toutes les circonstances. Cet ordre cosmique est le flux universel, le courant.

Être en harmonie avec le flux universel signifie être en phase avec la grande intelligence, avoir confiance que tout arrive au bon moment et de la bonne manière. Cela ne signifie pas que vous n'avez pas de libre arbitre, mais plutôt que vos choix sont guidés par une plus grande sagesse qui est en harmonie avec le tout.

Pour s'aligner sur le flux universel, il est important de cultiver la conscience du moment présent. Soyez ouvert et réceptif à ce qui se passe dans votre vie, en prêtant attention aux opportunités et aux signaux que l'univers vous envoie. Cela demande d'être présent et conscient, de laisser tomber les inquiétudes du passé ou les angoisses de l'avenir.

Un autre aspect fondamental est la confiance en soi et en ses intuitions. Parfois, le flux universel peut sembler difficile ou vous mener sur des chemins inattendus, mais croyez que tout contribue à votre croissance et à votre apprentissage. Croyez en votre capacité à gérer les situations qui se présentent et à prendre des décisions conformes à vos objectifs et à vos valeurs.

La cocréation en harmonie avec le flux universel ne se limite pas à la manifestation de vos désirs personnels ; il s'agit de créer une vie qui a du sens et qui est alignée avec le tout. Il faut pour cela avoir l'humilité de reconnaître que vous faites partie de quelque chose de plus grand et que votre parcours est lié à d'autres personnes, à la planète et à l'univers physique et extraphysique.

Pratiquez la gratitude et l'acceptation, en reconnaissant que tout ce qui se passe dans votre vie fait partie d'un plan plus vaste. En vivant en harmonie avec le flux universel, vous faites l'expérience de la fluidité, de la raison d'être et du bien-être, et vous devenez un cocréateur conscient de votre propre réalité.

La confiance est un élément clé de la co-création. Vous devez faire confiance au processus et au pouvoir de l'Univers pour guider et manifester vos désirs. Cela implique de renoncer au besoin de contrôle et d'accepter de s'abandonner au flux de la vie, au courant. Lorsque vous faites confiance et que vous vous abandonnez, vous ouvrez l'espace pour que la co-création se déploie de manière magique et surprenante.

Bien que la co-création implique de faire confiance au pouvoir de l'Univers, il est également important de prendre des mesures inspirées pour réaliser ses désirs. Ces actions sont guidées par l'intuition et s'inscrivent dans un but précis. En agissant de manière inspirée, vous démontrez votre engagement et votre désir de cocréer votre réalité. Rappelez-vous que la cocréation est une collaboration entre vous et l'Univers, et que les deux parties jouent un rôle actif dans ce processus.

La gratitude est fondamentale pour la cocréation. Lorsque vous exprimez votre gratitude pour ce que vous avez déjà et pour les manifestations qui sont en cours, vous accordez votre vibration au pouvoir de l'amour et de l'appréciation. La gratitude renforce également votre connexion avec l'Univers et vous met dans un état de réception, permettant à la co-création de se dérouler harmonieusement et abondamment.

La co-création alignée sur le but et l'harmonie est un moyen puissant de manifester ses désirs et de créer une réalité qui a du sens. En vous connectant à votre objectif, vous clarifiez vos désirs. En étant en harmonie avec le flux universel, vous faites confiance et vous vous abandonnez, vous prenez des mesures inspirées et vous exprimez votre gratitude, ce qui permet à la co-création de s'épanouir dans votre vie.

31
Niveaux de conscience

La spiritualité cosmique est une approche qui reconnaît l'existence de multiples niveaux de conscience et l'importance de les explorer au cours du voyage spirituel. Il est important de progresser dans votre compréhension afin d'identifier comment ces niveaux de conscience sont liés à votre expérience de vie.

Le niveau de conscience le plus élémentaire est la conscience quotidienne, qui se concentre sur les tâches et les défis de tous les jours. Dans cet état, vous vous préoccupez principalement de vos besoins physiques, de vos émotions et de vos interactions sociales. Bien que ce niveau de conscience soit nécessaire pour faire face aux exigences pratiques de la vie, il a tendance à être limité et superficiel.

Au-delà de la conscience quotidienne, il y a le niveau de conscience de soi, où vous commencez à vous interroger sur votre identité et votre but profond. À ce stade, vous prenez conscience de vous-même en tant qu'être unique qui cherche à comprendre sa relation avec le monde qui l'entoure. L'autoréflexion et la connaissance de soi sont des aspects clés de ce niveau de conscience.

D'autre part, la conscience élargie est un niveau plus élevé dans lequel vous commencez à transcender votre identité individuelle, en vous connectant à une conscience plus large et plus universelle. Dans cet état, vous éprouvez un sentiment d'unité avec tout ce qui existe, reconnaissant que vous faites partie d'un tout interconnecté. Des pratiques telles que la méditation, la contemplation et les états modifiés de conscience vous aident à accéder à ce niveau élargi et à l'explorer.

Au niveau de conscience le plus élevé, connu sous le nom de conscience cosmique, vous êtes en mesure de vous connecter à la sagesse et à l'intelligence de l'univers. Il existe de nombreux noms pour cette sagesse, certaines religions l'appellent Dieu. Dans cet état, vous faites l'expérience d'une compréhension profonde de la nature et de la réalité, transcendant les limites du temps et de l'espace. C'est à ce niveau que vous accédez à des informations et à des idées qui dépassent la compréhension rationnelle, avec une vision plus claire de votre objectif spirituel.

Dans la spiritualité cosmique, la conscience est un état qui s'aligne sur les principes et les enseignements transmis par les êtres de lumière. Cette conscience met l'accent sur la compassion, la guérison, la sagesse cosmique et le service aux autres. C'est un état de conscience qui vous connecte à l'énergie et à la fréquence vibratoire des Êtres de Lumière, vous permettant de recevoir des conseils et du soutien dans votre voyage spirituel.

L'exploration des différents niveaux de conscience de la spiritualité cosmique offre l'opportunité de grandir, de s'étendre et de s'aligner sur sa véritable nature spirituelle. En approfondissant cette exploration, vous ferez l'expérience d'une plus grande clarté, d'une paix intérieure et d'une connexion avec quelque chose de plus grand que vous.

32
L'expansion de la conscience

L'expansion de la conscience est un thème central de la spiritualité cosmique, qui reconnaît l'importance d'élever sa conscience afin de parvenir à une compréhension profonde de soi-même, des autres et du monde qui nous entoure. Il est donc important d'explorer en profondeur l'expansion de la conscience, tant au niveau individuel que collectif, en soulignant son importance et ses bénéfices dans le voyage spirituel pour l'évolution de l'humanité dans son ensemble.

L'expansion de la conscience individuelle fait référence au processus d'élévation de la perception et de la compréhension au-delà des limites de la conscience quotidienne. Elle implique la recherche de la connaissance de soi, l'exploration des croyances et des schémas de pensée et l'ouverture à de nouvelles perspectives et possibilités. L'expansion de la conscience individuelle permet de se sentir plus utile, d'établir un lien avec son essence spirituelle et d'avoir une vision plus large de la vie.

L'expansion de la conscience individuelle est un chemin fascinant et transformateur qui vous permet d'explorer les profondeurs de l'être qui se connecte à l'immensité de l'univers. La pratique régulière de la méditation est l'un des moyens les plus puissants d'entreprendre ce voyage. La méditation est une technique qui conduit à un état de calme mental, permettant de transcender les pensées en s'immergeant dans un espace de pure présence.

Pendant la méditation, vous devenez un observateur attentif de votre esprit, des sentiments et des sensations physiques, sans jugement ni attachement. En calmant l'agitation mentale, vous ouvrez l'espace à une plus grande perception intuitive, accédant à la sagesse intérieure qui est souvent obscurcie par le bruit de la vie quotidienne. Cette pratique permet non seulement d'élargir la conscience individuelle, mais elle est également bénéfique pour la santé mentale et émotionnelle, en réduisant le stress et en augmentant la clarté mentale.

Outre la méditation, l'exploration de différentes traditions spirituelles et l'étude de philosophies sont également des outils précieux pour élargir la conscience. Chaque tradition spirituelle offre des perspectives uniques sur la vie, le but et le lien avec le divin. En vous immergeant dans différents enseignements spirituels, vous pouvez trouver l'inspiration, une compréhension profonde et des réponses à vos propres questions existentielles.

Cependant, il est important de se rappeler que l'expansion de la conscience est un processus continu et personnel. Chaque personne a son propre rythme. Il est essentiel d'être ouvert et réceptif, et de permettre à sa conscience de se développer naturellement. La pratique régulière de la méditation et l'exploration de différentes traditions et philosophies spirituelles ne sont que quelques-uns des chemins possibles vers cette croissance.

En élargissant votre conscience individuelle, vous vous ouvrez à de nouvelles perspectives et à des compréhensions plus profondes, établissant une connexion plus intime avec l'univers et avec vous-même. Ce voyage d'expansion est enrichissant et transformateur, vous conduisant à un état plus conscient, empathique et connecté à la grandeur de l'existence.

Outre la conscience individuelle, la conscience collective peut également être élargie. La conscience collective fait référence à l'énergie et à la conscience partagées par un groupe d'individus ou même par l'humanité dans son ensemble. Lorsque de nombreux individus se rassemblent autour d'un objectif commun, ils élèvent leur conscience en créant une puissante synergie qui affecte positivement la conscience de chacun.

L'expansion de la conscience collective implique la création d'une plus grande conscience de l'unité, de la compassion et de la coopération. C'est reconnaître que tout le monde est interconnecté et que nos actions et nos pensées ont un impact au-delà de nous-mêmes. En élevant la conscience collective, on favorise la guérison, la transformation et l'éveil spirituel à l'échelle mondiale.

La pratique de la méditation en groupe, les rituels de connexion spirituelle et la participation à des communautés conscientes sont quelques-unes des façons de contribuer à l'expansion de la conscience collective. En outre, la diffusion de connaissances, de valeurs positives et d'attitudes compatissantes joue un rôle fondamental dans la transformation de la conscience collective.

L'expansion de la conscience, tant individuelle que collective, apporte de nombreux avantages au voyage spirituel et à l'évolution de l'humanité dans son ensemble. Voici quelques-uns de ces avantages

Une plus grande clarté et une meilleure compréhension de votre véritable essence spirituelle ;

Le développement d'une vision plus large de la vie et de l'objectif personnel ;

L'approfondissement des liens interpersonnels et des relations plus significatives ;

Un sentiment de paix et d'harmonie intérieures ;

Une capacité à mieux faire face aux défis et à l'adversité ;

une plus grande empathie et compassion pour les autres ;

une contribution à la création d'un monde plus conscient et plus harmonieux.

L'expansion de la conscience individuelle et collective ne se produit pas du jour au lendemain. Il s'agit d'un processus continu de croissance, d'apprentissage et de découverte de soi. Elle exige de l'engagement, de la pratique et de l'ouverture pour explorer au-delà des limites de la conscience conventionnelle. En vous engageant dans ce voyage d'expansion de la conscience, vous n'enrichissez pas seulement votre propre vie, mais vous contribuez également à l'évolution de l'humanité dans son ensemble.

L'expansion de la conscience permet d'accéder à des états de perception plus élevés, à la compréhension de votre véritable essence spirituelle, contribuant ainsi à l'évolution de l'humanité. Ce livre est une invitation à poursuivre votre voyage d'expansion de conscience en partageant les bénéfices de cette expérience avec le monde qui vous entoure.

33
Dimensions supérieures et êtres de lumière

La spiritualité cosmique parle de l'existence de dimensions supérieures habitées par des êtres de lumière. Explorons donc l'importance et les avantages d'une connexion avec ces dimensions et découvrons les pratiques qui vous aideront dans ce voyage.

Selon la spiritualité cosmique, l'univers est constitué de nombreuses autres dimensions que la dimension physique dans laquelle vous vivez. Ces dimensions supérieures sont des domaines de conscience plus élevée, où l'énergie est plus subtile et où les lois de la réalité sont différentes de celles que vous expérimentez sur votre plan terrestre.

Se connecter aux dimensions supérieures signifie s'ouvrir à la possibilité d'interagir avec les êtres de lumière, les guides spirituels et les autres formes de conscience qui résident dans ces dimensions. Cette connexion apporte des connaissances, des conseils spirituels et un plus grand sens du but à atteindre au cours du voyage.

Les êtres de lumière sont des entités spirituelles qui habitent les dimensions supérieures et qui se caractérisent par leur sagesse, leur amour inconditionnel et leur désir d'aider l'humanité à grandir spirituellement. Ces êtres se présentent sous différentes formes, telles que les anges, les archanges, les maîtres ascensionnés ou les guides spirituels.

La connexion avec les êtres de lumière est une source d'inspiration, de guérison et de soutien sur le chemin spirituel. Ils offrent des conseils, une protection et une assistance dans les pratiques spirituelles. En établissant une relation consciente avec ces êtres, vous ouvrez des portes pour recevoir des messages, de la sagesse et de l'énergie d'amour.

Il existe diverses pratiques qui vous aident à vous connecter aux dimensions supérieures et aux êtres de lumière, la méditation étant l'une d'entre elles. En consacrant régulièrement du temps à la méditation, vous renforcez votre connexion spirituelle, ce qui vous ouvre les portes de la communication avec les êtres de lumière.

Grâce à la visualisation créative, vous pouvez créer un espace sacré dans votre esprit et inviter les êtres de lumière à vous aider dans votre voyage. Vous pouvez vous imaginer dans un endroit paisible et sûr, puis fixer une intention claire de vous connecter aux êtres de lumière pour recevoir des conseils.

Le développement de l'intuition et de la perception énergétique vous aide à reconnaître la présence des êtres de lumière et à recevoir leurs messages. En pratiquant l'écoute intérieure et en vous mettant à l'écoute des énergies subtiles qui vous entourent, vous devenez plus réceptif aux conseils que vous recevez.

L'accomplissement de rituels et de cérémonies sacrées crée un espace propice à la connexion avec les dimensions supérieures. Vous pouvez créer un autel, allumer des bougies, brûler de l'encens ou faire des prières et des invocations pour inviter les êtres de lumière à vous accompagner dans ces moments privilégiés.

En développant une connexion consciente avec les dimensions supérieures et les Etres de Lumière, vous bénéficiez d'un certain nombre d'avantages. Les Êtres de Lumière offrent des conseils, des perspectives et une sagesse spirituelle pour vous aider dans votre voyage évolutif.

La connexion avec les êtres de lumière facilite les processus de guérison émotionnelle, mentale et spirituelle, en libérant les schémas limitatifs afin que vous puissiez atteindre un état d'équilibre et d'épanouissement.

Les Etres de Lumière rayonnent d'un amour inconditionnel, et en vous connectant à eux, vous faites l'expérience de cet amour profond et transformateur dans votre vie.

La connexion avec les dimensions supérieures et les êtres de lumière vous aide à découvrir comment vivre en accord avec votre but le plus élevé, en vous donnant une direction et une clarté quant au chemin à suivre.

La connexion avec les dimensions supérieures et les êtres de lumière est une partie essentielle de la spiritualité cosmique. En vous ouvrant à ces dimensions subtiles, en établissant une relation consciente avec les Etres de Lumière, vous recevez des conseils spirituels, la guérison et la transformation de votre voyage personnel. Ce livre vous invite à explorer ces pratiques en développant votre propre connexion avec les dimensions supérieures et les Etres de Lumière, permettant ainsi à votre vie d'être guidée par la sagesse et l'amour des dimensions supérieures.

34
L'ADN Spirituel

L'éveil de la conscience cosmique

La spiritualité cosmique connaît le potentiel humain d'activation de l'ADN spirituel et d'éveil de la conscience cosmique. Dans ce processus, vous pouvez vous engager dans des pratiques qui stimulent cette activation pour l'expansion de la conscience.

Selon la spiritualité cosmique, l'ADN spirituel est un aspect de notre code génétique qui contient des informations de nature spirituelle et multidimensionnelle. Cet ADN est constitué de brins en plus des deux brins physiques que la science conventionnelle reconnaît.

À travers les âges, l'ADN spirituel de l'humanité est resté largement en sommeil, limitant notre perception de la réalité et notre potentiel en tant qu'êtres spirituels. Cependant, l'évolution de la conscience humaine offre la possibilité de réactiver ces filaments, ce qui nous permet d'accéder à des états de conscience élargis et de faire l'expérience de la réalité d'une manière large et profonde.

Comme expliqué ci-dessus, l'éveil de la conscience cosmique fait référence à l'expansion de la perception au-delà des limites du moi individuel et de la réalité physique. C'est la capacité de se connecter et de reconnaître l'interconnexion avec l'Univers, de se comprendre comme faisant partie d'un vaste réseau d'énergie et de conscience.

Cet éveil vous permet d'accéder à des informations et à une sagesse qui vont au-delà de la connaissance conventionnelle, ouvrant la communication avec les êtres de lumière, les guides spirituels et les intelligences cosmiques, vous faisant expérimenter des états d'unité, d'amour inconditionnel et de conscience élargie.

Il existe diverses pratiques qui contribuent au processus d'activation de l'ADN spirituel et à l'éveil de la conscience cosmique.

La méditation est un outil puissant qui calme l'esprit et ouvre la connexion avec votre essence spirituelle. Grâce à la pratique de la méditation, vous accédez à des états de conscience élargie, permettant à l'énergie de circuler librement et stimulant l'activation de l'ADN spirituel.

La visualisation créative peut également être utilisée pour vous connecter à des images et des symboles qui représentent votre connexion avec le cosmos.

Passer du temps dans la nature est également un moyen efficace de se connecter au flux naturel de la vie en s'accordant aux énergies cosmiques. Marcher dans la forêt, méditer en plein air ou simplement être en contact avec la beauté de la nature vous rappellera votre connexion avec l'univers, éveillant la conscience cosmique en vous.

Les sons, les mantras et la musique avec des fréquences spécifiques sont utilisés pour stimuler et éveiller l'énergie de l'ADN spirituel. Les sons sacrés, tels que le OM, créent une résonance dans votre système en activant les parties dormantes de l'ADN spirituel.

L'éveil de la conscience cosmique apporte un certain nombre de bienfaits à votre vie et à votre évolution spirituelle. Voici quelques-uns de ces avantages

Élargissement de la perception :

Lorsque vous vous éveillez à la conscience cosmique, votre perception s'élargit au-delà des limites du moi individuel, ce qui vous permet de vous interconnecter avec toutes les choses et de comprendre la nature multidimensionnelle de la réalité.

En vous ouvrant à la conscience cosmique, vous avez accès à des informations et à une sagesse qui vont au-delà des connaissances conventionnelles. Cela vous permet de prendre des décisions plus conformes à votre objectif en recevant des conseils de sources supérieures.

L'éveil de la conscience cosmique vous connecte à l'essence de l'amour inconditionnel, vous permettant d'expérimenter et de partager cet amour plus pleinement et avec plus de compassion.

En élargissant la conscience cosmique, vous augmentez également votre capacité à manifester intentionnellement vos désirs, en créant une réalité alignée sur votre objectif le plus élevé.

L'activation de l'ADN spirituel et l'éveil de la conscience cosmique sont des processus fondamentaux. En vous ouvrant aux dimensions supérieures de votre existence, vous élargissez votre perception, accédez à une sagesse et à une guidance supérieures, faites l'expérience de l'amour inconditionnel et manifestez consciemment la réalité que vous souhaitez.

35
Intégrer l'expansion de la conscience

L'expansion de la conscience (dont il a été question dans les pages précédentes) est un aspect fondamental du voyage spirituel. En vous ouvrant à des niveaux de perception et de compréhension plus élevés, vous devenez capable d'expérimenter la réalité d'une manière plus profonde et plus significative.

L'expansion de la conscience implique l'élargissement de votre perception et de votre compréhension de la réalité. En dépassant les limites de la conscience ordinaire, vous devenez capable d'accéder à des informations, des idées et des expériences qui dépassent la compréhension de votre moi limité.

Cette expansion se produit par le biais de pratiques spirituelles, de la méditation, de la connexion avec la nature, de rencontres transformatrices ou d'expériences de transcendance. Au fur et à mesure que votre conscience s'élargit, vous commencez à ressentir une plus grande connexion avec le divin, un sentiment d'unité avec le tout et une compréhension plus profonde de votre but et du sens de votre vie.

Bien que l'expansion de la conscience soit une expérience puissante, il est tout aussi important d'intégrer cette expansion dans la vie quotidienne. L'intégration consiste à intégrer les idées, les apprentissages et les expériences de l'expansion de la conscience dans la vie de tous les jours, en leur permettant de transformer vos actions, vos choix et vos interactions.

Sans une intégration adéquate, l'expansion de la conscience devient une expérience isolée, déconnectée de la réalité. La véritable transformation se produit lorsque vous intégrez ces nouvelles perspectives dans votre façon d'être et de vivre, en les incorporant dans vos relations, votre travail, vos pratiques spirituelles et votre mode de vie.

Il existe diverses pratiques qui vous aident à intégrer l'expansion de la conscience dans votre cheminement spirituel.

Prenez régulièrement le temps de réfléchir à vos expériences d'expansion de la conscience. Demandez-vous comment ces expériences peuvent être appliquées dans votre vie. Réfléchissez aux idées et aux enseignements que vous pouvez apporter à vos interactions, à vos choix et à vos pratiques spirituelles.

Utilisez des pratiques d'ancrage pour amener l'expansion de la conscience dans le corps physique et le moment présent. Les exemples incluent la méditation sur l'enracinement, les exercices de respiration consciente, les promenades dans la nature ou toute autre activité qui vous aide à vous connecter au corps et à l'ici et maintenant.

La plupart des options mentionnées dans le paragraphe précédent ont été abordées dans les pages précédentes, mais je pense qu'il est important d'entrer dans les détails de l'ancrage et de l'enracinement, afin que votre compréhension du sujet soit complète.

L'ancrage est une pratique qui vise à amener l'expansion de la conscience dans le corps physique et le moment présent. C'est une façon de se connecter à la réalité ici et maintenant.

Pour pratiquer l'ancrage, vous pouvez suivre les étapes suivantes :

Trouvez un endroit calme et confortable pour vous asseoir ou vous tenir debout.

Fermez les yeux et prenez quelques respirations profondes pour vous détendre et calmer votre esprit.

Concentrez votre attention sur votre respiration, en observant comment l'air entre et sort.

Portez ensuite votre attention sur les points de contact entre votre corps et le sol ou la surface sur laquelle vous vous tenez. Ressentez la sensation de soutien et de stabilité que vous procure le contact avec le sol.

En vous concentrant sur les points de contact, visualisez des racines qui sortent de votre corps et s'étendent jusqu'au centre de la Terre.

Restez avec cette sensation de connexion pendant quelques minutes, en vous sentant ancré dans le moment présent.

L'ancrage est une technique simple et puissante qui peut être pratiquée quotidiennement pour trouver le calme, l'équilibre et la présence au milieu de l'agitation quotidienne.

L'enracinement, quant à lui, est une pratique similaire, mais plus spécifiquement axée sur la connexion avec la Terre et l'énergie de la nature. C'est une façon de se sentir enraciné, en sécurité et connecté à l'énergie de la Terre.

Pour pratiquer l'enracinement, suivez les étapes suivantes :

Commencez par trouver un endroit calme et confortable pour vous asseoir ou vous tenir debout.

Fermez les yeux et prenez quelques respirations profondes pour détendre votre corps et calmer votre esprit.

Imaginez qu'à partir de la base de votre colonne vertébrale ou de vos pieds, des racines profondes poussent vers le noyau de la Terre.

Sentez ces racines s'étendre et s'entrelacer avec l'énergie de la Terre, comme les racines d'un arbre.

Visualisez l'énergie nourrissante et puissante de la Terre qui s'élève à travers vos racines et remplit tout votre corps d'un sentiment de sécurité et de stabilité.

Restez dans cette visualisation en maintenant un sentiment d'enracinement pendant quelques minutes, en vous asseyant connecté et en équilibre avec la Terre.

L'enracinement est une technique qui vous relie à l'énergie de la nature et vous rappelle votre lien avec le monde qui vous entoure. C'est une pratique puissante qui vous permet de rester centré et enraciné au milieu des changements et des défis de la vie. En vous enracinant, vous reconnaissez que la Terre est le berceau de la vie physique, le seul endroit où le physique et le spirituel se manifestent de manière consciente. Rappelez-vous que votre corps physique appartient à la Terre et que vous y retournerez.

Dans ce processus d'enracinement, vous établissez un lien profond avec la Terre, tout comme les racines d'un arbre qui s'étendent et s'entrelacent dans le sol. Cette connexion nourrit et renforce votre énergie et vous procure un sentiment de sécurité et de stabilité dans votre voyage spirituel.

En mentalisant votre lien avec la Terre, vous reconnaissez l'importance d'honorer et de respecter la nature, car elle est le support de toute vie physique. Cette prise de conscience vous rappelle votre responsabilité de prendre soin de votre environnement et de toutes les formes de vie qui l'habitent.

La pratique régulière de l'enracinement apporte un sentiment de paix intérieure, d'équilibre et de connexion avec le présent. Lorsque vous vous sentez enraciné, vous êtes mieux préparé à affronter les défis de la vie avec clarté et confiance. En restant connecté à votre essence et à votre but, vous vous connectez à ce qui vous donne la vie.

36
Harmonie de la nature avec l'univers

Vivre en harmonie avec la nature et l'univers est une quête profonde et significative pour de nombreux chercheurs spirituels. Votre lien avec la nature et le cosmos est intrinsèque, et lorsque vous reconnaissez et honorez ce lien, vous éprouvez un profond sentiment d'appartenance et d'équilibre.

L'une des premières étapes pour vivre en harmonie avec la nature et l'univers est de reconnaître l'interconnexion de toutes choses. Réalisez que vous faites partie intégrante du vaste tissu de la vie et que chaque être vivant et élément naturel joue un rôle important dans cette toile interdépendante. En adoptant cette conscience, vous développez le respect de toutes les formes de vie et de l'équilibre écologique.

La gratitude est une pratique spirituelle puissante qui aide à cultiver un sentiment d'appréciation et de connexion. Prenez le temps, chaque jour, d'exprimer votre gratitude pour la beauté et la richesse de la nature qui vous entoure. Cela peut se faire en faisant une simple pause pour admirer le paysage, en remerciant pour la nourriture que vous mangez ou même en écrivant un journal de gratitude consacré à la nature. Cette pratique de la gratitude crée un lien profond avec le monde naturel et vous rappelle que vous avez la responsabilité de le protéger.

La nature possède une profonde sagesse et une série de cycles qui régissent le fonctionnement de l'univers. En observant ces cycles et en en tirant des enseignements, vous adaptez votre mode de vie à l'harmonie naturelle. Observez les saisons, le mouvement des marées, le lever et le coucher du soleil et la façon dont les animaux et les plantes s'adaptent à ces changements. En vous mettant au diapason de ces rythmes naturels, vous adaptez vos activités et vos pratiques spirituelles pour qu'elles soient plus en phase avec le flux de l'univers.

Vivre en harmonie avec la nature implique également une relation consciente avec les ressources naturelles. Lorsque vous utilisez des ressources telles que l'eau, l'énergie et la nourriture, faites-le avec conscience et modération. Essayez de réduire la consommation excessive, réutilisez et recyclez autant que possible et optez pour des sources d'énergie renouvelables. En prenant ces mesures, vous contribuez à la préservation des ressources naturelles et à l'équilibre de la planète.

La Terre est un être vivant et sacré, et il est important d'honorer ce caractère sacré. Trouvez des moyens d'entrer en contact avec la Terre d'une manière révérencieuse et respectueuse. Passez du temps à l'extérieur, marchez pieds nus dans l'herbe, étreignez les arbres ou organisez des cérémonies de gratitude dans des espaces naturels. Ces pratiques renforcent votre lien avec la Terre et vous permettent de reconnaître la présence divine dans toute la création

Prenez la responsabilité d'être un gardien de la nature, de prendre soin de l'environnement et de défendre les droits des êtres vivants. Participez à des initiatives de conservation, soutenez des organisations environnementales, soyez un exemple de pratiques durables. En agissant en tant que gardien de la nature, vous contribuez à la préservation de la planète et à un avenir plus équilibré et plus sain.

Vivre en harmonie avec la nature et l'univers est un voyage de prise de conscience, de connexion et de respect. En reconnaissant cette interconnexion et en adoptant des pratiques de gratitude, d'apprentissage et de soins conscients, vous vous alignez sur le flux de l'univers, devenant ainsi un agent de changement positif. Puissent ces pratiques vous inspirer à vivre en harmonie avec la nature, en honorant et en préservant la beauté et la sagesse du monde naturel.

37
Les relations

Des liens profonds

Sur le chemin spirituel, les relations jouent un rôle fondamental dans la croissance, l'apprentissage et la transformation. En cherchant à établir une connexion plus profonde avec votre moi intérieur et le divin, vous cherchez également à établir des liens significatifs et authentiques avec les autres.

Les relations sont comme des miroirs qui reflètent votre parcours de croissance et de connaissance de soi. Chaque personne qui entre dans votre vie apporte avec elle des leçons précieuses et des occasions d'apprendre. Ces rencontres sont pleines de sens, car elles vous apprennent à pratiquer l'amour, la compassion, la patience et le pardon, des compétences fondamentales pour le développement spirituel.

En entrant en relation avec les autres, vous êtes mis au défi et inspiré de faire face à des aspects de vous-même que vous pourriez ignorer ou éviter. Ces expériences contribuent à élargir votre conscience, vous permettant de mieux comprendre qui vous êtes et comment vous interagissez avec le monde qui vous entoure.

Les relations sont une source constante de croissance et d'apprentissage, car chaque personne avec laquelle vous êtes en contact vous apprend quelque chose de nouveau sur vous-même et sur la vie. Grâce aux interactions avec les autres, vous avez la possibilité d'affronter vos peurs, de remettre en question vos croyances limitatives et de surmonter vos faiblesses.

En outre, les relations offrent soutien, encouragement et célébration au fur et à mesure que vous avancez sur votre chemin spirituel. Vous rencontrez des personnes qui vous soutiennent dans vos objectifs et vous encouragent à continuer, même dans les moments les plus difficiles. Ces relations positives vous aident à vous sentir plus confiant et plus déterminé dans votre quête de développement personnel.

Il est important de se rappeler que les relations ne se limitent pas à ce que l'on peut recevoir, mais aussi à ce que l'on peut donner. En pratiquant l'amour et la compassion dans vos relations, vous créez un espace sûr et accueillant pour les autres, ce qui leur permet de grandir et de se développer.

Par conséquent, en nourrissant et en valorisant les relations dans votre vie, vous reconnaissez le pouvoir de transformation qu'elles ont sur votre cheminement spirituel. Chaque relation, qu'elle soit de courte ou de longue durée, apporte avec elle une richesse d'expériences et d'apprentissages qui vous aident à devenir un être humain plus conscient, plus compatissant et plus aimant.

Donnez la priorité aux relations nourrissantes, qui soutiennent votre croissance spirituelle. Recherchez des personnes qui partagent les mêmes intérêts, tels que les valeurs et les visions du monde. Cherchez à établir des liens avec des personnes qui vous inspirent, vous encouragent et vous poussent à élargir votre conscience. Il peut s'agir d'amis, de partenaires, de mentors spirituels ou de membres de communautés spirituelles.

Cultivez l'empathie dans vos relations, en cherchant à comprendre le point de vue des autres et en faisant preuve d'une véritable compassion. L'empathie est la capacité de se mettre à la place de l'autre et de comprendre ses expériences et ses sentiments. L'amour inconditionnel est un autre aspect important. Aimez les autres sans jugement ni attentes, en reconnaissant l'essence divine qui réside en chacun, en leur permettant d'être ce qu'ils sont.

Partager ses expériences spirituelles avec d'autres renforce les liens et crée un sentiment de communauté et de soutien mutuel. Trouvez des moyens de partager vos idées, vos pratiques spirituelles et vos histoires de transformation avec des personnes partageant les mêmes idées. Cela peut se faire par des conversations sincères, la participation à des groupes d'étude spirituelle, des retraites ou des événements de partage spirituel.

Les difficultés rencontrées dans les relations sont des occasions de croissance et de guérison. Parfois, des conflits, des malentendus et des situations difficiles peuvent survenir dans vos relations. Considérez ces moments comme des invitations à approfondir votre compréhension, à pratiquer le pardon, à développer la patience et à rechercher des solutions aimantes. Les défis relationnels peuvent catalyser une plus grande croissance spirituelle s'ils sont abordés avec conscience et volonté d'apprendre.

Rappelez-vous que le voyage intérieur est la base de relations saines et significatives. Plus vous êtes profondément connecté à vous-même et à votre propre spiritualité, plus vous pouvez avoir des relations authentiques avec les autres. Consacrez du temps à vos soins personnels, à vos pratiques spirituelles, à la méditation et à l'autoréflexion. En nourrissant votre propre croissance spirituelle, vous aurez plus à offrir aux relations que vous cultivez.

Construire et entretenir des relations profondes et significatives est une partie essentielle du voyage spirituel. En vous connectant aux autres de manière authentique et aimante, vous créez un champ de soutien mutuel et de croissance. Cultiver des relations nourrissantes, pratiquer une communication consciente et partager des expériences spirituelles contribue à votre propre expansion et à l'épanouissement de toutes les personnes impliquées.

38
Le service aux autres

Sur le chemin spirituel, le service aux autres joue un rôle fondamental. C'est par l'amour et la générosité que vous pouvez exprimer votre lien avec le divin et contribuer au bien-être collectif.

Le service aux autres est l'expression de la compassion et de l'amour altruiste. C'est l'acte conscient de consacrer du temps, de l'énergie, des compétences et des ressources au bénéfice et à l'aide des autres. Le service ne se limite pas à des actions grandioses, mais peut s'exprimer par de simples gestes de gentillesse.

Chacun d'entre nous a des dons et des capacités uniques à offrir. Découvrez vos passions, vos intérêts et vos talents et trouvez des moyens de les mettre au service des autres. Demandez-vous comment vous pouvez utiliser vos compétences pour faire la différence dans la vie des gens.

La générosité est un autre aspect essentiel du service. Soyez généreux de votre temps, de votre attention, de vos ressources et de votre amour. Soyez prêt à partager ce que vous avez, que ce soit sur le plan matériel ou émotionnel. La générosité ne consiste pas seulement à donner des choses tangibles, mais aussi à offrir de la compassion, de la compréhension et un soutien émotionnel.

Un acte d'amour et de service consiste à être présent et à écouter avec empathie lorsque quelqu'un partage ses expériences, ses défis ou ses joies. Prenez le temps d'être pleinement présent, d'écouter attentivement et d'offrir votre soutien. Parfois, tout ce dont les gens ont besoin, c'est que quelqu'un les écoute et les comprenne.

Le bénévolat et la participation à la vie de la communauté sont des moyens efficaces de servir les autres. Trouvez des organisations ou des groupes qui correspondent à vos passions et à vos valeurs et offrez votre temps et vos compétences. Il peut s'agir de travailler dans des refuges, d'aider à des campagnes de collecte de nourriture, de participer à des projets de conservation de l'environnement, et bien d'autres choses encore.

Ne sous-estimez pas le pouvoir des petits gestes de gentillesse. Un sourire, un mot gentil, un geste utile ou une écoute attentive peuvent faire une différence significative dans la vie de quelqu'un. Cherchez chaque jour des occasions de pratiquer de petits actes d'amour et de générosité dans vos relations, au travail ou au sein de votre communauté.

Si le service aux autres est essentiel, il est également important de ne pas oublier de prendre soin de soi. Prenez le temps de prendre soin de vous, de recharger votre énergie et de nourrir votre propre cheminement spirituel. En prenant soin de vous, vous serez mieux à même de servir les autres de manière significative et durable.

En pratiquant le service aux autres et en accomplissant des actes d'amour et de générosité, vous élargissez votre conscience et vous vous connectez à l'essence la plus profonde de la spiritualité cosmique. En servant, vous devenez un canal pour l'amour divin, renforçant le réseau de connexions qui unit tous les êtres dans quelque chose de plus grand. Rappelez-vous que le service n'est pas une obligation, mais un privilège et une occasion de grandir et de contribuer à un monde meilleur.

Remerciements

Alors que nous arrivons au terme de ce livre, je tiens à exprimer ma profonde gratitude à vous, lecteur, qui vous êtes consacré à l'exploration de ce contenu en vous embarquant dans un voyage spirituel. Ce fut un honneur de partager ces connaissances et cette réflexion avec vous.

Au cours de ce voyage, nous avons abordé divers sujets liés à la spiritualité cosmique, de la guérison et de l'équilibre énergétique à la manifestation consciente et à l'expansion de la conscience. J'espère sincèrement que les mots de ce livre ont touché votre vie d'une manière ou d'une autre, en vous inspirant et en vous guidant sur votre propre chemin spirituel.

N'oubliez pas que la quête spirituelle est un voyage individuel et unique, et que c'est un privilège de pouvoir vous accompagner sur une partie de ce voyage. Rappelez-vous que vous avez un immense pouvoir en vous et que la connexion avec le divin est toujours accessible. Restez ouvert, curieux et engagé dans votre développement personnel et spirituel.

J'aimerais également exprimer ma gratitude aux êtres de lumière qui nous inspirent et nous guident. L'énergie cosmique et d'autres formes de sagesse nous permettent d'approfondir notre compréhension de nous-mêmes, de l'univers et de notre lien avec tout ce qui est.

Je voudrais également remercier ceux qui ont directement contribué à la création de ce livre, depuis les chercheurs et les universitaires qui ont partagé leurs connaissances jusqu'aux rédacteurs, concepteurs et à l'équipe éditoriale qui ont aidé à donner forme à ces mots.

Enfin, je voudrais exprimer ma gratitude à vous, lecteurs, pour avoir consacré du temps et de l'énergie à cet ouvrage. J'espère que les informations et les pratiques partagées vous ont été utiles dans votre cheminement spirituel. Puissent-elles continuer à inspirer et à éclairer votre chemin, vous permettant de vous connecter à votre essence divine et de manifester votre véritable nature cosmique.

Si vous avez ressenti l'appel à approfondir la spiritualité cosmique, rappelez-vous que ceci n'est qu'une partie de la vaste connaissance disponible. Continuez à explorer, à étudier et à pratiquer. Laissez votre intuition vous guider et suivez le chemin qui résonne avec votre cœur.

Puisse ce livre avoir semé des graines de transformation et d'éveil dans votre vie. Qu'il ait contribué à élargir votre conscience, en vous apportant clarté et compréhension. Et puissiez-vous aller de l'avant, inspiré et habilité, en créant une réalité alignée sur votre essence la plus authentique.

Avec amour, lumière et gratitude.

www.ingramcontent.com/pod-product-compliance
Lightning Source LLC
LaVergne TN
LVHW040048080526
838202LV00045B/3541